海上絲綢之路基本文獻叢書

交廣印度兩道考

〔法〕伯希和 著 馮承鈞 譯

文物出版社

圖書在版編目（CIP）數據

交廣印度兩道考 /（法）伯希和著 ; 馮承鈞譯. -- 北京 : 文物出版社, 2022.7
（海上絲綢之路基本文獻叢書）
ISBN 978-7-5010-7670-3

Ⅰ. ①交… Ⅱ. ①伯… ②馮… Ⅲ. ①交通運輸史－考證－中國－古代 Ⅳ. ①F512.9

中國版本圖書館 CIP 數據核字（2022）第 086683 號

海上絲綢之路基本文獻叢書

交廣印度兩道考

著　　者：〔法〕伯希和
策　　劃：盛世博閱（北京）文化有限責任公司

封面設計：鞏榮彪
責任編輯：劉永海
責任印製：蘇　林

出版發行：文物出版社
社　　址：北京市東城區東直門内北小街 2 號樓
郵　　編：100007
網　　址：http://www.wenwu.com
經　　銷：新華書店
印　　刷：北京旺都印務有限公司
開　　本：787mm×1092mm　1/16
印　　張：11.375
版　　次：2022 年 7 月第 1 版
印　　次：2022 年 7 月第 1 次印刷
書　　號：ISBN 978-7-5010-7670-3
定　　價：90.00 圓

總緒

海上絲綢之路，一般意義上是指從秦漢至鴉片戰争前中國與世界進行政治、經濟、文化交流的海上通道，主要分爲經由黄海、東海的海路最終抵達日本列島及朝鮮半島的東海航綫和以徐聞、合浦、廣州、泉州爲起點通往東南亞及印度洋地區的南海航綫。

在中國古代文獻中，最早、最詳細記載『海上絲綢之路』航綫的是東漢班固的《漢書·地理志》，詳細記載了西漢黄門譯長率領應募者入海『齎黄金雜繒而往』之事，書中所出現的地理記載與東南亞地區相關，并與實際的地理狀況基本相符。

東漢後，中國進入魏晋南北朝長達三百多年的分裂割據時期，絲路上的交往也走向低谷。這一時期的絲路交往，以法顯的西行最爲著名。法顯作爲從陸路西行到印度，再由海路回國的第一人，根據親身經歷所寫的《佛國記》（又稱《法顯傳》）一書，詳細介紹了古代中亞和印度、巴基斯坦、斯里蘭卡等地的歷史及風土人情，是瞭解和研究海陸絲綢之路的珍貴歷史資料。

隨着隋唐的統一，中國經濟重心的南移，中國與西方交通以海路爲主，海上絲綢之路進入大發展時期。廣州成爲唐朝最大的海外貿易中心，朝廷設立市舶司，專門管理海外貿易。唐代著名的地理學家賈耽（七三〇～八〇五年）的《皇華四達記》記載了從廣州通往阿拉伯地區的海上交通『廣州通夷道』，詳述了從廣州港出發，經越南、馬來半島、蘇門答臘半島至印度、錫蘭，直至波斯灣沿岸各國的航綫及沿途地區的方位、名稱、島礁、山川、民俗等。譯經大師義净西行求法，將沿途見聞寫成著作《大唐西域求法高僧傳》，詳細記載了海上絲綢之路的發展變化，是我們瞭解絲綢之路不可多得的第一手資料。

宋代的造船技術和航海技術顯著提高，指南針廣泛應用於航海，中國商船的遠航能力大大提升。北宋徐兢的《宣和奉使高麗圖經》詳細記述了船舶製造、海洋地理和往來航綫，是研究宋代海外交通史、中朝友好關係史、中朝經濟文化交流史的重要文獻。南宋趙汝適《諸蕃志》記載，南海有五十三個國家和地區與南宋通商貿易，形成了通往日本、高麗、東南亞、印度、波斯、阿拉伯等地的『海上絲綢之路』。宋代爲了加强商貿往來，於北宋神宗元豐三年（一〇八〇年）頒佈了中國歷史上第一部海洋貿易管理條例《廣州市舶條法》，并稱爲宋代貿易管理的制度範本。

元朝在經濟上採用重商主義政策，鼓勵海外貿易，中國與歐洲的聯繫與交往非常頻繁，其中馬可·波羅、伊本·白圖泰等歐洲旅行家來到中國，留下了大量的旅行記，記録元代海上絲綢之路的盛况。元代的汪大淵兩次出海，撰寫出《島夷志略》一書，記録了二百多個國名和地名，其中不少首次見於中國著録，涉及的地理範圍東至菲律賓群島，西至非洲。這些都反映了元朝時中西經濟文化交流的豐富内容。

明、清政府先後多次實施海禁政策，海上絲綢之路的貿易逐漸衰落。但是從明永樂三年至明宣德八年的二十八年裏，鄭和率船隊七下西洋，先後到達的國家多達三十多個，在進行經貿交流的同時，也極大地促進了中外文化的交流，這些都詳見於《西洋蕃國志》《星槎勝覽》《瀛涯勝覽》等典籍中。

關於海上絲綢之路的文獻記述，除上述官員、學者、求法或傳教高僧以及旅行者的著作外，自《漢書》之後，歷代正史大都列有《地理志》《四夷傳》《西域傳》《外國傳》《蠻夷傳》《屬國傳》等篇章，加上唐宋以來衆多的典制類文獻、地方史志文獻，集中反映了歷代王朝對於周邊部族、政權以及西方世界的認識，都是關於海上絲綢之路的原始史料性文獻。

海上絲綢之路概念的形成，經歷了一個演變的過程。十九世紀七十年代德國地理學家費迪南・馮・李希霍芬（Ferdinad Von Richthofen，一八三三～一九〇五），在其《中國：親身旅行和研究成果》第三卷中首次把輸出中國絲綢的東西陸路稱爲『絲綢之路』。有『歐洲漢學泰斗』之稱的法國漢學家沙畹（Édouard Chavannes，一八六五～一九一八），在其一九〇三年著作的《西突厥史料》中提出『絲路有海陸兩道』，蘊涵了海上絲綢之路最初提法。迄今發現最早正式提出『海上絲綢之路』一詞的是日本考古學家三杉隆敏，他在一九六七年出版《中國瓷器之旅：探索海上的絲綢之路》中首次使用『海上絲綢之路』一詞；一九七九年三杉隆敏又出版了《海上絲綢之路》一書，其立意和出發點局限在東西方之間的陶瓷貿易與交流史。

二十世紀八十年代以來，在海外交通史研究中，『海上絲綢之路』一詞逐漸成爲中外學術界廣泛接受的概念。根據姚楠等人研究，饒宗頤先生是華人中最早提出『海上絲綢之路』的人，他的《海道之絲路與昆侖舶》正式提出『海上絲路』的稱謂。選堂先生評價海上絲綢之路是外交、貿易和文化交流作用的通道。此後，大陸學者馮蔚然在一九七八年編寫的《航運史話》中，使用『海上絲綢之路』一詞，這是迄今學界查到的中國大陸最早使用『海上絲綢之路』的人，更多地限於航海活動領域的考察。一九八〇年北京大學陳炎教授提出『海上絲綢之路』研究，并於一九八一年發表《略論海上絲綢之路》一文。他對海上絲綢之路的理解超越以往，且帶有濃厚的愛國主義思想。陳炎教授之後，從事研究海上絲綢之路的學者越來越多，尤其沿海港口城市向聯合國申請海上絲綢之路非物質文化遺産活動，將海上絲綢之路研究推向新高潮。另外，國家把建設『絲綢之路經濟帶』和『二十一世紀海上絲綢之路』作爲對外發展方針，將這一學術課題提升爲國家願景的高度，使海上絲綢之路形成超越學術進入政經層面的熱潮。

與海上絲綢之路學的萬千氣象相對應，海上絲綢之路文獻的整理工作仍顯滯後，遠遠跟不上突飛猛進的研究進展。二〇一八年厦門大學、中山大學等單位聯合發起『海上絲綢之路文獻集成』專案，尚在醖釀當中。我們不揣淺陋，深入調查，廣泛搜集，將有關海上絲綢之路的原始史料文獻和研究文獻，分爲風俗物産、雜史筆記、海防海事、典章檔案等六個類別，彙編成《海上絲綢之路歷史文化叢書》，於二〇二〇年影印出版。此輯面市以來，深受各大圖書館及相關研究者好評。爲讓更多的讀者親近古籍文獻，我們遴選出前編中的菁華，彙編成《海上絲綢之路基本文獻叢書》，以單行本影印出版，以饗讀者，以期爲讀者展現出一幅幅中外經濟文化交流的精美畫卷，爲海上絲綢之路的研究提供歷史借鑒，爲『二十一世紀海上絲綢之路』倡議構想的實踐做好歷史的詮釋和注脚，從而達到『以史爲鑒』『古爲今用』的目的。

凡例

一、本編注重史料的珍稀性，從《海上絲綢之路歷史文化叢書》中遴選出菁華，擬出版百册單行本。

二、本編所選之文獻，其編纂的年代下限至一九四九年。

三、本編排序無嚴格定式，所選之文獻篇幅以二百餘頁爲宜，以便讀者閱讀使用。

四、本編所選文獻，每種前皆注明版本、著者。

五、本編文獻皆爲影印，原始文本掃描之後經過修復處理，仍存原式，少數文獻由於原始底本欠佳，略有模糊之處，不影響閱讀使用。

六、本編原始底本非一時一地之出版物，原書裝幀、開本多有不同，本書彙編之後，統一爲十六開右翻本。

目録

交廣印度兩道考

交廣印度兩道考

〔法〕伯希和 著　馮承鈞 譯

民國二十二年商務印書館鉛印本

伯希和著
馮承鈞譯

交廣印度兩道考

商務印書館發行

Paul Pelliot 著
馮承鈞譯

交廣印度兩道考

商務印書館發行

譯序

唐代中外交際頻繁。若將士征討。使臣封貢。僧俗巡歷。爲數甚衆。所撰行紀圖志。亦復甚多。新唐書藝文志著錄賈耽皇華四達記十卷。古今郡國縣道四夷述四十卷。於蕃國遠近。四夷道里。所誌必詳。惜此二書今並佚而不傳。僅於新唐書地理志後見所紀入四夷之路七道。五曰安西入西域道。六曰安南通天竺道。七曰廣州通海夷道。其山川聚落。封略遠近。皆概舉其目。國內諸考據家對此少所研討。而西方諸漢學家則頗珍視之。安西入西域一道。業經沙畹在其西突厥史料之中詳爲詮釋。安南通天竺一道及廣州通海夷一道。又經伯希和詳爲考證。玆二書現皆爲西方漢學界不朽之名作。沙畹之書余前在西域地名中已多徵引。伯希和之書亦欲將其轉爲漢文。惟苦藏書不多。勘對繁難。遲之已久。至今始得竣事。此書不分卷次篇目。讀者檢閱不易。玆將其釐爲上下兩卷。每卷各分子目若干。所考問題有繁簡之不同。故各子目篇幅亦殊。其中有對於史萊格等辯駁之詞。在今日已成過去陳跡。概從刪棄。附錄占婆諸王表一則。因已別見馬司帛洛之占婆史。又補錄扶南史料十五條。已移載於扶南考一文之後皆從省略。其根據伯希和之撰述所作之特別考證。則有費瑯之崑崙及南海古代航行考。蘇門答剌古國考。馬司帛洛昆仲所撰之安南都護府疆域考。占婆史。戈岱司所撰之速古台考。皆可與此書互相印證也。繕校已畢。爰識數語於此。民國二十年十一月十五日馮承鈞識。

交廣印度兩道考目錄

上卷　陸道考

下卷　海道考

交廣印度兩道考

上卷　陸道考

一　唐代之地理撰述

中國地理學在唐代（六一八至九〇六）最爲發達。不幸當時之重要撰述散佚不少。其最先編纂之地理通誌。爲六四二年刊行之括地志。今僅在一七九七年孫星衍刊行之岱南閣叢書中見其殘卷。賈耽（七三〇至八〇五年人）所撰十道志。（新唐書卷一七六名貞元十道錄太平寰宇記作十道述）今惟散見於十世紀末所撰之太平寰宇記中。九世紀初年李林甫之十道圖。今須尋究碑文始獲見其片段。（見岱南閣文集）祇有李林甫所撰之元和郡縣圖志倘存於世。此書成於八〇六至八二〇年間。全書四十卷。今其中六卷與地圖並缺。所可幸者。新唐書將貞元（七八五至八〇五）時賈耽所撰之入四夷路程。節錄於第四十三卷卷下之中。此文於全亞洲之史地有極大之關係。其所誌之路程。自中國至高麗至西域至印度以至於縛達 Bagdad 皆著錄焉。沙畹 Chavannes 君在其五一八至五二二年宋雲行紀箋註之中。曾將其止於于闐之路程譯出。復又在其西突厥史料之中。將焉耆 Karashar 至安西 Koutcha 安西至怛羅斯 Aoulié-ata 城之路程發表。余今之所研究者。乃自交趾 Tonkin 經雲南赴印度與自廣州經南海赴印度之兩道。於賈耽路程之外。並以蠻書及新唐書之其他路程附焉。

二　交廣之興替

第一路程始於東京 Tonkin。蓋東京久隸中國版圖。紀元前三世紀秦始皇開嶺外。首置郡縣。西漢（前二〇六至後二四）東漢（二五至二二〇）時。於東京及安南北部。置交阯（今河內）九眞（今疑清華）日南（今疑廣平）三郡。紀元初年中國與南海諸國商業政治關係頻繁之時。交趾質言之東京。曾爲航行之終點。一六六年羅馬帝安敦

Marc-Aurèle 之使。即於此處登陸。二世紀末及三世紀初時。黃巾之亂。交趾比較尙安。安南志略卷十會誌有避亂此地之中國人士之名。三國時其地屬吳。二二六年大秦商人秦論。即由交州刺史送至建業。其後不久。交州刺史呂岱曾遣從事南宣國化。扶南林邑等國因之入貢。舊唐書地理志卷四十一云「交州都護制諸蠻。其海南諸國大抵在交州南及西南。自漢武以來皆朝貢。必由交趾之道」。可以見其衝要矣。

然航船漸取直接航綫逕赴中國。交州之地位遂終爲廣州所奪。七世紀時。如義淨等即在廣州登船。然其間興替不無競爭也。廣州既爲中國內地。交州大致如同一種藩屬。廣州之人見外國商舶常至安南。今東京曾有禁斷外國貿易之求。七九二年時。嶺南曾表請禁止安南貿易。德宗將許之。然爲陸贄諫止。其事遂寢。第詔令之所未行者。地勢乃使廣州取交州之地位而代之。考賈耽路程。南海一道始於廣州。九世紀時大食人 Arabes 即於廣州登岸。九六八年安南之獨立。交趾遂確定屏除於問題之外。廣州之盛固有一時爲泉州所爭競。然在十九世紀之間。歐洲人羣赴廣州。泉州遂一蹶而不振矣。

三　安南都護府治

六七九年唐始置安南都護府於東京。安南之名初見於此。其地在漢時爲交趾郡。第一路程旣發足於此。則應先知八世紀末年安南都護府治所在。茲余祇能爲大概之考定而已。

八六三年南詔陷交趾。八六六年或八六七年初。嶺南西道節度使高駢破南詔復取交趾。於八二四年李元嘉在蘇歷江畔所建羅城原址之上。建大羅城。李元嘉之羅城。似將八〇八年張舟所建之大羅城略徵遷徙。張舟之大羅城乃就七九一年趙昌所建之城改建。而趙昌之城又就七六七年張伯儀所建之城擴而張之者也。由是觀之。八世紀末年之安南都護府治。似在高駢建城之處。顧高駢所建之城。現於河內城之西北角新賽馬廠方面。尙可見其遺趾。其城乃沿蘇歷江而建。此江今昔之名皆同也。則就事實言。得將安南都護府治位置於今之河內矣。（參考七六七、七九一、八〇八、八二四、八六六、八六七等年越史通鑑綱目。）余以爲似可作如此之解釋。然不應忘者。此問題之中有一不明之點。卽八二四年移徙之遠近是也。新唐書地理志（卷四三上）云。寶曆元年（八二五）安南都護府徙治宋平。顧考越史通鑑綱目（續編卷四）於八二四年李元嘉之移城。八二五年之徙治。未言有何關係。則似同爲一事。都護治所旣於八二四或八二五年徙於昔之宋平。今之大羅。則在此年之前。府治應在別處。又考新唐書地理志（同卷）云。武德五年（六二二）交州治交趾。新舊唐書地理志（舊書卷四一）所載諸縣。皆以宋平爲首。則其意猶言八二四年爲都護府治之大羅。即爲宋平縣之治所。舊唐書又謂東北去交趾縣界十里。然至是又有難題。蓋都護治所在貞元中（七八五至八〇五）質言之。在八二四年徙治之前。應尙在交趾縣治。然則自府治至峯州何以尙經此縣耶。舊唐書之記載似不盡實。同一史文謂東至朱鳶縣界小黃江口水路五百里。北至朱鳶州阿勞江口水路五百四十九里。乃據越史（綱目續編卷二）則以朱鳶在今山西永祥府內。質言之。在西北不足百里。復次、交趾縣治似曾變遷。必須詳細研究交州之中國舊日組織。始可解決此種矛盾之點也。余暫時姑以河內爲賈耽路程之起點。或有三四十公里之誤。亦未可知。

四　古時中國與交趾之交通

唐以前中國人開拓雲南與東京交通之事。今尙無跡可尋。六世紀初年之水經注似未言及此。然在紀元初數世紀中。中國在雲南北部與西部已有行政之組織。特雲南南部貴州全省及上東京之土人。尙非四川及紅河下流官廳之力所能及耳。東京與中國其他各地之交通。或取東京灣之海道。或取廣西之陸道。六三八年交州刺史李道彥討伐貴州北部土人之事。（見通考卷三二八）亦無非維持廣西與長安之交通而已。

五　獠種

河內至雲南北部通道中之土人。中國載籍曾別之爲兩大類曰獠曰爨。後者純爲雲南土著。關於獠種之古史文。尙未整理。其種人居於今之上東京及貴州四川之一部。似不能以之附於出於盤瓠種之猺種。猺種今名蠻人。散處於東京之白水 Rivière Claie, Song Gan, Song Bang-giang 流域一帶。但須有特別之研究。始能確定何種爲其現有之遺民。其不服中國者名曰生獠。上東京與廣西之生獠最初招撫者。似爲六六三年智州刺史謝法成。（舊書卷四一。新書卷四三上福祿州條下。）中國對於此類種族之勢力似漸鞏固。當八世紀中葉雲南道路開拓之時。於各要站設置屯戍。然上東京一帶獠種居地全部之織組。至八世紀後乃見試行也。

六　東爨及西爨

最初開拓交趾與戎州（今四川宜賓）通道之確實的努力。似先從北方開始。中國人之由四川欲達紅河者。扼於雲南東部之爨。中國人分爨爲兩種。曰西爨。亦名白蠻。曰東爨。亦名烏蠻。烏蠻之中。新唐書（卷二二二下）誌有盧鹿種。是即元史類編（卷四二）考訂之猓玀。亦即今日四川雲南之玀玀。則其爲東爨一部之遺種。西爨大致散處於今之雲南省會昆明。北抵曲靖府境。東爨昔處西爨之東南。南達步頭（蠻書卷四，新唐書卷二二二下。蠻書卷六謂唐時西爨段氏故居墳墓皆在今昆明南進寧流域。）此南方之步頭。居留雲南北部之中國人已熟知之。已知由此通東京而至海。所以八世紀中葉時。聚其全力開拓此步頭一道。

七　步頭之方位

然此步頭究在何地耶。d'Hervey de Saint-Denys在其文獻通考譯文之中。謂讀史方輿紀要考訂步頭在今貴州普安縣治。顧此地不在昆明循紅河至海之道中。必係譯者誤讀讀史方輿紀要之文。據余所知紀要在兩處（卷一一三及一一四）言步頭爲今雲南臨安府治。是亦元史（卷六一）一文之解釋。據云。今爲臨安之建水州。乃就八〇六至八二〇年南詔所建之建水城設置。此城昔名步頭。然沙畹君於其考訂南詔碑一文之中。以爲步頭在今臨安北六十公里之通海縣治。並未言此種考訂本於何書。顧此說不特與元史之文不合。且與賈耽所誌路程不符。蓋步頭爲爨種之南端。賈耽路程已將通海鎭南三百二十里之龍武州列入爨境之內。而此龍武余將位置於臨安也。夫一地而具有步頭龍武二名。其事固異。但考步頭一名。惟見於自雲南至東京路程之中。而在自東京至雲南之兩種詳細路程中。不見此名。復次、核以蠻書卷六之一文。不特不能謂步頭卽臨安。更不能謂在通海。其文云。通海城南十四日程至步頭。從步頭船行。沿江三十五日出南蠻。顧蠻書所誌之日期。似乎太長。除此一點不計外。詢以此文爲是。則步頭卽爲蠻書之賈勇步。賈耽之古涌步。蓋蠻書言從步頭船行。而賈耽謂至古涌步水路也。此種矛盾之點。余現未能說明。姑置蠻書之文不論。暫以古之步頭位置於今之臨安可矣。

八　雲南交趾一道之開拓

其最先開拓步頭一路者。爲章仇兼瓊。天寶七四二至七五五初。瓊命越巂令竹靈倩於今昆明西南西爨之中築安寧城以通安南。羣蠻震騷。共殺築城使者。中國嘗命建南詔國於雲南西北經。其册封爲雲南王之皮邏閣助平其亂。自是以後。東京一道似常通行。迨至七五一年。南詔叛。命鮮于仲通以劍南（四川）之兵討之。王知進以交趾之兵。從步頭進討。大敗引還。七五四年又命侍御史李宓討之。並委特進何履光統領十道兵馬。從安南進軍。收復安寧城。及南詔路取雲南東部以後。値安祿山亂。詔履光將兵赴西川。然中國之勢力尚及臨安方面之龍武。七六六年。爨蠻陷龍武。時日本歸化人朝衡爲安南都護。進軍龍武得化。當時得化龍武郎茫等羈縻州之設置。或因此役也。七八九年南詔王異牟尋納款中國。中國因恐其使爲吐蕃所阻。遂三路發使。一使出安南。一使出西川。一使由黔中。七九一年中國欲在上東京鞏固勢力。曾仿獠地之組織。於其地設羈縻州。以峯州（今之山西或白鶴）爲都督府。領羈縻州十八。諸州皆在紅河上流及白河一帶。然此種組織存在不久。而十八州之州名現已不傳。賈耽路程中之州名不見於兩唐書地理志之中者。殆由此也。（新唐書卷四三下。又卷二二二下。蠻書卷三。卷四。卷七。安南志略卷九。）

此種羈縻州之喪失。疑在南詔攻陷東京之際。蓋迄於是時。中國軍隊常由交州取道紅河而入雲南也。然至九世紀時。南詔幾盡佔有雲南。遂於八六三年初侵入東京。攻陷河內。高駢爭戰三年。始於八六五年大敗南詔於峯州。八六六年收復安南都護府治。（新唐書卷二二二中）自是以後。此道從未阻遏。十五世初年沐晟之取東京。卽由雲南進兵。（明史卷一二六·讀史方輿紀要卷一一五·）近代中國人由雲南入東京之道有二。兩道皆以蒙自爲起點。其一道由蠻耗取道紅河。其一道由河江 Hagiang（譯者按安南地名原名尚有疑義者·咸註其羅馬字名於其下·以俟續考·下仿此·）方面取道白河。兩道皆會於紅河白河匯流之處。一八七〇年中國叛兵斷絕東京與雲南之交通時。黑旗兵卽佔領紅河上之老開。黃旗兵卽佔領白河上之河江。吾人所研究八九世紀之路程。峯州（白鶴山西）及至蒙自一段。頗難確知爲何地。然其必由紅河較便之道無疑。則應位置賈樊綽（蠻書撰人）之地名於紅河沿岸矣。

九　緬甸一道

顧四川之中國人所欲在雲南開拓者。不僅東京一道。彼等已久知雲南西南有道可達天竺。（印度）紀元三世紀時魏略曾言大秦（地中海東部）可由雲南之永昌而至中國。考中國經緬甸與亞洲南部西部有確定關係之時。在紀元二世紀之中。永元九年（九七）撣國王雍由調入貢中國。永寧元年（一二〇）雍由調復遣使者獻樂及海西幻人。海西卽大秦也。撣國西南通大秦。（後漢書卷一一六）然其時或者可再溯而上。明帝（五八

（至七五）時。天竺傳佈佛法之摩騰Ragyapa-Matanga法蘭Dharmaratna二人亦得取Iraouaddy上流及雲南一道而達中國也。其地有此傳說。固不可信。然此傳說至晚可以上溯至於八世紀時。（大清一統志卷三七八·雲南通志稿卷九五·）再溯而上。紀元前二世紀漢武帝（前一四〇至前八七）元狩元年。（前一二二）張騫使大夏Bactriane來言居大夏時。見蜀布邛竹杖。使問所從來。曰從東南身毒（印度）國。可數千里。得蜀人市。或聞邛西可二千里有身毒國。（史記卷一一六）則此種中國西南之出產。似祇有緬甸一道可以輸出。復次中國由緬甸與印度之古交際。可以解決爭持未決的支那一名之起源。

十　支那名稱之起源

主張之說。夫人已知之矣。十七世紀中葉馬梯尼 Martini 以爲支那一名出於紀元前二四九至二〇七年秦國之稱。而經秦始皇傳佈遠地者也。此說久經世人承認。無所非難。然在今日利希脫汾 von Richthofen 別主新說。玉耳 Yule 曾贊成之。按Thin國之稱。在紀元一世紀時見於Périple之中。脫列美 Ptolémée 在二世紀時則名之曰 Sinae。利希脫汾君以爲此國海上貿易似不能逾紀元一世紀之前。緣何以紀元前三世紀朝代之名爲名。所以不主張支那出於秦國之說。顧脫列美之 Sinae 似在東京。遂主張其名爲日南一名之對音。至若十九世紀印度學家所考訂見於大婆羅多書 Mahabharata 摩奴 Manou 律之支那 Cina 一名。則以其完全與秦、與 Sinae、與近代所稱中國諸名。毫無關係。蓋支那之梵名。乃指印度河 Indus 上流之種族也。(見所撰 China 第一册)最近沙畹君亦承認 Sinae 出於日南之說。然以支那梵名出於後秦王朝。(四八四至五一七)(見校刊B.E.F.E.-O. 第三卷四三四頁註四)台連 Terrien de Lacouperie之說則以日南一說爲非。而主張 Sinae 一名爲滇之對音。(見 Yule 之撰述 Hobson-Jobson 刊本)雖有此種種異說。余仍以爲馬梯尼所持之說較長。而三君之說皆可非駁也。

利希脫汾君 Sinae 出於日南之說。在歷史及語學方面皆不可能。利希脫汾君謂一世紀南海航行之人登陸之東京。屬於中國。而概名之曰日南。一六六年安敦之使。卽在日南登岸。而交趾爲日南之一部云云。其說誤也。兩漢時代(前二〇六至後二二〇)東京分爲三郡。曰交趾。曰九眞。曰日南。日南爲最南之一郡。史文未言安敦之使在日南登岸。僅言其來至日南徼外而已。顧東京最要之區域。設於交趾。質言之。設於紅河下流。航行終點必爲交趾安敎之使登岸之處。必爲交趾而非日南。則日南一名不足引起航海者之注意明甚。再就音韻方面言日南古讀應作 nit-nam。由是觀之脫列美之 Sinae 與此名相距遠矣。

利希脫汾君支那梵名與中國人無關係之說。亦可非駁。彼以爲支那梵名見於大婆羅多摩奴等古書之中。而在大婆羅多書之中自 Pandava 國赴 Kulinda 城。必須經過支那 Cina 吐火羅 Tukhara 陀羅陀 Darada 等地。則應位置支那於印度西北云云。然須知秦朝建國在紀元前三世紀時。似可使一地理名稱列入摩奴律或其他印度史頌之內。復次大婆羅多書雖將支那位置未善。亦祇能證明其習知其國而不明其方位。又況後來支那梵名所指者卽是中國。縱在古時不指中國。亦無在後來分離支那與中國二名分離之理由也。

沙畹君亦見及此。然以爲使秦國之名流行印度。乃五世紀初年後秦僧人法顯智猛傳佈所致。然此說亦可駁也。緣此說似承認日南卽爲 Sinae 對音之說。而又以 Sinae 與支那梵名無其關係。其說使余尤難贊成者。則其以支那梵名始於五世紀初年之說也。余不信五世紀以前印度未聞中國之名。乃除支那一名以外又無其他名稱之痕跡。考漢文譯經有大方廣莊嚴經論 Lalitavistara 者。三世紀之譯本也。初譯本雖闕。然三〇八年之譯本尚存。則此本之迻譯在法顯智猛西行百年以前。考其中所載中國之名。可以確知梵本原文必爲支那。由是觀之。不能謂支那一名本於後秦王朝也。台連曾見分離 Sinae 支那中國三名之困難。所以提出三名同源之說。顧彼既以爲此名因海上貿易而傳佈。故亦在東京求之。然其對於日南一名。與余亦有相同之見解。乃在東京附近求 Sinae 一名發生之地。而思及紀元前四世紀時之滇國。而以滇字古讀若 tsen。按此乃楚人莊蹻在紀元四世紀前建立於今昆明省會附近一帶之國。當紀元前一二二年。聞張騫言在大夏見蜀布邛竹杖。詢知乃蜀賈人市於身毒者。漢武帝欲從雲南通印度。乃遣使出西夷。時滇王嘗羌不知漢強弱。曾問漢使者漢孰與我大。（史記卷一一六）台連既見滇與海之自然商道爲紅河。遂以爲紀元二世紀漢取交趾以前。傳佈外國之名。卽爲滇字之對音。

此說誤也。昔日滇國由紅河至海之交通。今日無一證據可舉。此道縱有貿易。決不致使滇王勢力播於東京。而且中國之統治東京灣。不始於紀元二世紀後。而在紀元二世紀前也。更就音韻一方而言。

安南人滇字之音。皆讀若 diên 至間有讀若 chan· 者。乃安南語用漢字以代純粹越語之音。加之此種譯寫方法。代音不一。不足爲漢語越讀之例也。

則就音讀方面言。滇與支那毫無相類之點。而且當時滇國之勢力不大。由中國至緬甸。不須經其國境。昔日可從四川取道建昌一路。直接赴雲南西部。而無須經過今之昆明。至漢武之使至滇國者。乃因遣使不止一人。有至貴州西部之夜郎國者。有至雲南東部之滇國者。有至雲南西部之昆明國者。十一年後。夜郎王與滇王曾降漢受王印。而漢兵似已至昆明國也。

由是觀之。三說皆不如馬梯尼所持之說之長。應求支那一名之源於三世紀前秦國一名之中。此名可以滿足語學之要求。至若年代問題。吾亦不信紀元一二世紀時東京之中國人名其國曰秦。但在紀元二世紀前既已證明中國與印度已由緬甸一道發生貿易關係。則秦國之名由此達於印度。已有其可能性也。印度之支那梵名。疑始於此。迨至紀元前二世紀及一世紀月支侵入大夏之時。印度人又於西北聞中國人之名。乃位置其於吐火羅附近。則亦意中或有之事也。此後或在紀元初一世紀時。印度與越南半島及南洋羣島貿易頻繁之時。南海一帶遂習用支那梵名之稱。諸航海者乃襲用此梵化之號。而且中國人似亦自承其國名曰支那。雖不再自稱其國爲秦國。然此名亦足喚起其種族與其國家之觀念也。

昔日中國名地中海東部曰大秦。後漢書卷一一八曰。其人民皆長大平正。有類中國。故謂之大秦。其一證也。再者中國人常未誤解支那一名之語源。其在三〇八年所出大方廣莊嚴經中所譯梵本之支那。卽名曰秦。同一譯法用時更古大藏經錄後漢錄二五至二二〇年中有大方便佛報恩經。亦譯支那爲秦地。沙畹君以其爲後秦者。不如謂其爲 Cinadeça 或 Cinasthana 之譯名也。由是觀之。支那一名發源於最初秦國之說。在音韻及地理方面皆得其解。而於歷史亦能相符。復由中國譯人採用。余以爲僅有此說爲可取也。

十一　建昌一道

史籍固證明古時從緬甸一道赴印度。顧至西域及南海貿易發達之時。赴印度者寧取此種較遠而較便之長途也。當三世紀迄四世紀末年內亂之時。中國在雲南之勢力似有停頓而無多效果。吾人僅於義淨西域求法高僧傳卷上慧輪傳中。藉悉三世紀室利笈多 Çrigupta 王朝之時。有中國僧人二十餘人從蜀川牂牁道至印度室利笈多爲造支那寺以供停息一事。後至七世紀上半葉唐朝國勢鞏固之時。復有人欲開雲南一道。以通印度。雲南通道除晚近利用之紅河一道。及難於跋涉不常通行之貴州一道外。尙有宜賓（敘州）東川昆明。復由昆明赴大理一道。及由建昌逕赴大理一道。中國人誤名前者爲北路。後者爲南路。前者通過爨種居地。後者爲三世紀時諸葛亮南征雲南一役所循之途。唐代之人所偏重者。似爲此建昌一道。顧此道在安寧河及揚子江上流一帶。爲松外諸蠻所遏。貞觀（卷六二七至六四九）中（按新唐書卷二二二下作貞觀中·讀史方輿紀要在六四六年·但據唐書劉伯英之上疏·距梁建方之進討·隔有數歲·而進討之年又在六四八年之前·顧氏所誌之年似乎太晚·）劉伯英上疏言松外諸蠻暫附亟叛。請擊之。西洱河天竺道可通也。按西洱河卽大理河。天竺卽印度也。數年後太宗以右武侯將軍梁建方發蜀十二州兵進討。至西洱河。安寧河與大理河匯流處以上揚子江流域諸蠻悉皆歸附。自六四八年迄六五六年。皆稱臣納貢。（新唐書卷二二二下）然是時有一新民族名吐蕃（西藏）者出。國勢日強。兩世紀間兵力所及。西至西域。東近長安都門。初在七世紀上半葉中。與中國尙結和好。六四八年且以兵助王玄策征服印度摩伽陀 Magadha 之叛王。其後中國築安戎城。以絕吐蕃通大理河諸蠻之道。六七〇年戰爭遂開。吐蕃取安西庫車四鎮。是時幷敗唐兵於揚子江上流。其勢力擴張至於四川西部雲南西北。新唐書一一六上曰「其地東與松茂嶲接。南極婆羅門。西取四鎮。北抵突厥。幅員餘萬里。漢魏諸戎所無也」。六八〇年。中國將其在六二一年所置之姚州今在姚州之北都督府棄而不守。六八八年又復之。每年差兵五百人鎮守。又於揚子江南置鎮七所。遣蜀兵防守。蜀民頗以爲苦。六九八年蜀州刺史張柬之上言。略謂前代有開雲南之利。蓋可由此西通大秦南通交趾。今鹽布之稅不供。珍奇之貢不入。空竭府庫。驅率平人受役夷蠻。肝腦塗地。乞省罷姚州。使隸嶲府。歲時朝覲。悉同蕃國。瀘按瀘水本爲流經建昌之安寧河。然在唐時幷爲揚子江廣義之稱。可參照蠻書卷二。南諸國悉廢。於瀘北置關。百姓非奉使入蕃。不許交通往來。疏奏不納。資治通鑑卷二〇六。通典卷一八七。通考卷三二九。按此種計畫卽爲宋代守邊之策。自不合武后之野心。嗣後於七三八年爲無效之嘗試。後七四〇年又於西南方面爲確實之努力。章仇兼瓊復取安戎城。彼欲通安南都護府。乃遣竹靈倩築安寧城於今昆明附近。以開步頭一路。當時雲南及印度之通道。似已重歸中國之手。然帝國疆域太廣。而中國與吐蕃之爭戰。遂使一新國名南詔者發生於其間。

十二　南詔

南詔史巴克 Parker 見 China Rewiew XX 及洛色 Rocher 見 T'oung pao X 二君已有說明。至其未曾說明之細節。亦非此處所能繼續研究者。顧南詔阻遏緬甸一道。略說此國歷史之大概。似亦不無裨益。按自未詳時代以來。雲南西北夷帥有六。自號六詔。夷語王爲詔。開元七一三至七四一中。六詔最南之詔名皮邏閣者。並六詔爲一。而以南詔之名名其全國。中國册之爲雲南王。七四二至七四八年間曾助中國討平安寧城之叛變。七四八年皮邏閣死。子閣羅鳳立。此時其國在大理府境。日漸強盛。七五一年及七五四年兩敗中國之兵。遂北臣吐蕃。吐蕃以爲弟。夷謂弟鍾 cung 故稱贊普 btsanpo 鍾。給金印號東帝。七七九年閣羅鳳死。孫異牟尋立。吐蕃封爲日東王。然吐蕃數苦南詔。七九一年。異牟尋乃遣使歸附中國。七九四年南詔大敗吐蕃於神川。質言之。揚子江之上流。然其後人不常與中國和好。八二九年戰事重開。南詔之兵遠至成都西郛。八六三年又陷安南都護府。八六六年南詔敗於高駢。後又侵入四川。復爲高駢所敗。八七四年又襲安南一次。退歸雲南。至是南詔侵略時代遂以告終。其都城卽爲今之大理。其勢力遠及雲南東部之三十七部落。而於其地建立一第二都城。（今昆明）十世紀初年。唐朝因東胡種族之強大。亦無暇顧及西南境界之事。中國向南之發展。至元代始再見實行。一二五三年。因未來忽必烈汗之南征。繼承南詔國之大理國遂亡。但蒙古人尚以摩訶羅嵯 Maharaja 册封其降王也。

十三　南詔與緬甸文化之關係

有人假定此南詔民族屬於歹 Thaï 種。然此項種源問題現尚不明。南詔感受中國文化之深。其事甚著。余所欲言者不在此點。顧在此處所欲說明者。要爲中國從緬甸入印度之通道。茲特搜集若干材料證明緬甸勢力與夫在越南半島西部南部影響甚重之印度勢力曾逾 Iraouaddy 江上流及怒江 Salouen 上流而至於雲南也。

就事實言。善於表示此種勢力之印度文字碑刻。雲南無之。其經古南詔流存於今之惟一重要碑刻。乃爲沙畹君所研究之七六六年漢文碑刻。（一九〇〇年十一二月刊亞洲報）沙畹君謂南詔本無文字。此說不知根據於余所未見之史文。抑僅憑藉吾人不知有南詔文件之事實。余意以爲問題並未解決。現在雲南所存之非漢文文字。除麽些 Mosso 之著色繪畫不計外。至少尚有兩種。卽玀玀字與玀夷字是已。此種文字之發源。世人不知。要必已有數百年之久。然尚未見有此文字之碑刻。昔日設有一種南詔文字。或祇供書寫之用。亦未可知。元代大理國爨人所用之文字。卽名阿毘者所製之韙書。或者卽爲玀玀文字。然尚微有疑義。設在祿勸縣中誠有一種爨文磨巖。則此問題尚易解決也。（按此石刻續雲南通志稿卷一九二已見著錄）

復次、在緬甸一方面。將來或者有某種之發現。按蒲甘 Pagan 地方有一十一世紀雕刻之石幢。其一面刻有一種世人未識之文字。俞貝 Huber 君曾拓一本。此種文字似與印度字母相近。距此石幢不遠有一斷石。上泐同一文字。設若尋究十一世紀蒲甘地方之文字。屬於何種種族。則除白古 Pégou 人與緬甸人外。似不能不令人思及南詔矣。（設若不能發現南詔之固有文字。則其所通用者似爲緬甸文字。如十三世紀玀夷人使用緬甸文字之例。卽在今日。玀夷字母亦爲出於緬甸字母者也。）

蓋南詔曾數逾雲南西境。而在上緬甸執有一種重大任務也。根據史文。七五四年閣羅鳳戰勝唐兵。解除中國監護之後。見中國之內訌。東顧之憂已釋。乃西降揚子江上流及 Iraouaddy 上流之尋傳蠻與夫驃國。驃國卽緬甸也。新唐書（卷二二二下）驃國傳云。南詔以兵疆地接。常羈制之。異牟尋歸唐之後。驃王亦於八〇二年進樂人。新唐書驃國傳對於驃國之樂歌記述甚詳。八三二年南詔掠其民三千。徙之柘東。柘東今昆明也。當八六三年南詔攻陷河內之時。其軍中雜有野蠻。此卽居尋傳蠻西之祼蠻也。（其人得爲 Kachins 卽中國人今所稱爲野人者是已）若信傳說。南詔且曾有錫蘭 Ceylan 島王兵侵緬甸而以兵助緬甸之事。（南詔野史卷八）南詔野史位其事於八〇九至八一五年之間。其事似不可信。蓋中國似至十二世紀時始名此國曰緬也。惟考大史 Mahavamsa 誌有錫蘭王 Parakrama Bahu 於十二世紀下半葉兵侵白古 Pégou 之事。南詔野史特誤記其年代耳。

十四　雲南之梵名

緬甸一方面亦知有此南詔。惟不以南詔名之。按越南半島印度化之民族。咸有在其地建設一新印度之習慣。曾將印度地名移植於其國內。有時將本地之名梵化。有時竟以印度之名名之。雲南處越南半島之北。如同乾陀羅 Gandhara 之在印度之北。乾陀羅四面有山。欲達雲南。亦應經過與越南半島諸大川流並行之山岳。此稱地勢方位。已有使雲南成爲乾陀羅之理。根據傳說。十一世紀時阿那律陀（Arôyat'a 卽梵文之 Anuruddha）王。曾求佛牙於乾陀羅邏闍 Gandhalaraj（讀若 Gandhalayit 卽梵文之 Gandhararaja 而用作地名者也）而未得。卽在今日。Sasanavamsa 史書亦誌有迦濕彌羅乾陀羅 Ka;miragandhara 一地。謂此地先非中國 Cinarattha 一部。而後併入中國版圖。有人枉尋中國國勢何以能達印度乾陀羅之理。殊不知此地卽雲南也。

此種乾陀羅名稱之新用。不僅緬人知之。波斯史家拉史哀丁 Rachid-ed-din 曾云。『契丹 Cathay 之南有國。契丹人名之曰 Dai-liou 或「大國」。蒙古人名之曰合剌章 Karajang。印度及迦濕彌羅語言則名之曰 Kandar。卽吾人所稱爲之 Kandahar 是已。』（見 Yule-Cordier, Marco Polo 譯者按此處之契丹。乃指中國北部。元明時之西方撰述。近代俄國撰述。皆名中國爲契丹。）又云「蒙古人所稱爲合剌章之 Kandahar。其地之人來自契丹及印度。忽必烈汗時爲蒙古人所征服。其界一方地接西藏。又一方地接契丹。別一方地接印度。」此波斯史家復以關係印度河流域乾陀羅之一傳說。移之於恆河東岸之乾陀羅云。「印度兵衆。Kandahar 象衆。突厥（譯者按指月氏）馬衆」云。

根據拉史哀丁之文似可確定乾陀羅一名之適用於雲南。又據馬可波羅 Marco Polo 行紀充分之證明。合剌章卽爲今之昆明大理一帶。今人已知猶言黑章之合剌章及猶言白章之察罕章 Tchaganjang 乃蒙古人適用於雲南兩種種族之稱。據余所知。「章」字今尚未得其解。余以爲卽爨字之蒙古譯音。惟合剌章一名僅限於昔日南詔之部落耳。中國人舊別爨種爲白爨及烏爨。新唐書卷二二二下 南詔且祇爲烏爨之一枝。舊唐書卷一九七。新唐書卷二二二上。蠻書卷三。 則蒙古人以一不適當之名稱適用於南詔矣。設若章卽爲爨之訛證明。合剌章名稱之適用亦不適當。蓋烏爨之眞正代表應爲玀玀。此名元代之人業已知之。唐代之人或亦知之。今之玀玀分爲多種。其中卽有名白玀玀與黑玀玀者。由是觀之。就廣義言。合剌章一名包括屬於南詔之一切種族。不分其隸於南詔第二都城或今之昆明者。抑隸於常爲其實在都城之大理者也。然就狹義言。此名應指南詔發源地之大理一帶。（按越南半島之假印度地理又稱雲南爲 Videharaj。讀若 Videha-yit 亦以 Meittila 卽梵文之 M.t.ila 爲都城。與在印度無異。是卽撣 Shan 人之 Mong Khe。質言之中國。然在狹義中乃指雲南。Videharaj 似指雲南東部。Meittila 似指今之昆明。參照 Gazetteer of Upper Burma and the Shan states, I, 1. 設若此種考訂不誤。佛教宇宙中之東洲弗婆提 Purvavideha 似與緬甸勢力侵入最東之 Videha 不無關係矣。）至若拉史哀丁之 Dai-liou 雖有「大國」之解釋。余以爲應卽蒙古時代繼承舊南詔之大理之譯音。復次、在中國撰述之中。亦有證明乾陀羅一名適用於大理之記載。滇黔紀遊見雲南備徵志卷十四云。大理卽天竺妙香國。余在中國撰述之中。雖未見有以 gandha 此言香解說乾陀羅 Gandhara 之例。然大致用爲乾闥婆 Gandharva 之語源。惟此妙香之印度名稱與乾陀羅名稱之並著。似不能謂此二名非指一地也。又况大理爲佛教選擇之地。觀世音菩薩 Avalokiteçvara 曾遥由中印度至此。使人皈依。並見滇黔紀遊相傳八世紀末年異牟尋時代有印度沙門七人嘲其尊奉唐朝。見雲南通志稿卷一七一九世紀上半葉中。有摩伽陀 Magadha 沙門贊陀崛多 Candragupta 者。以神呪著名於雲南。當時卽名其人曰摩伽陀。同上，又卷二一二，又見南詔野史。雲南昔亦有畢鉢羅 Pippala 窟、菩提 Bodhi 樹。並有神山鷲峯 Grdhrakuta。此山卽大理城西之點蒼山。雲南通志稿卷一一三滇黔紀遊竟謂九六四年宋遣沙門三百人赴印度求經。以九七六年歸國者。按卽見於吳船錄之繼業等曾見雞足山 Kukutapadagiri 參優波笈多 Upagupta 石室、王舍城 Rajagrha 鷲峯 Grdhrakuta 阿難 Ananda 半身舍利 çarira 塔。畢鉢羅窟。而此種種聖地皆在大理。至若此種沙門繞西藏入印度。復東至大理者。蓋因屬於中國之黔蜀與屬於南詔之大理交通斷絕故耳。見雲南備徵志卷十四。按南詔皈依佛教之古。可以十一世紀所鑄梵漢文字之兩鐘證之。雲南通志稿卷一九六已見著錄。又考新唐書藝文志卷五九。著錄七科義狀一卷。註云。雲南國使段立之問。僧悟達答。

十五 日東王摩訶嵯驃信諸名考

大理一帶由緬人介紹印度化。又在南詔諸王稱號中表現之。除中國所授之雲南王、南詔王、暨吐蕃贊普所授之贊普鍾等號不計外。吐蕃尚授閣羅鳳曰東帝。授異牟尋曰日東王。南詔諸王昔已實用此種名號。異牟尋上表中國。曾自稱爲唐雲南王孫吐蕃贊普義弟日東王也。見資治通鑑卷二三四 此種東帝或日東王之名號。余以爲卽發源於印度的名號之漢譯。茲在緬甸史中見有其痕跡也。緬甸人今名中國皇帝爲 udi-bhva。巴克君以 udi 爲武帝之對音。但紀元前二世紀漢武帝之遣使未逾雲南。吾不信其名能達於緬人之耳。加之 udi-bhva 名號昔日曾與乾陀羅邏闍 Gandhalaraj 並用。惟至後來史家不知南詔之時。始以乾陀羅邏闍名中國。而以 udi-bhva 爲中國皇帝。由是觀之。udi-bhva 初應爲南詔王之稱號。按 bhva 一字非緬甸之字。惟在授與撣種一切酋長之 saobhva

英文作 sawbwa名號中有之。而此名乃爲撣語 sau-pha 一名之譯寫也。sau 卽爲一切歹種方言中之 chao 此言首領。其加入南詔稱號之中者必爲此字。至若 pha 字。余現無 Cushing 之字典可以參考。不識其撣語之義爲何。然疑與暹羅語之 phra 相等。巴克君以爲十五世紀撣王思任發一名中之「發」。卽由此字轉出。其說是也。茲檢永昌府孟市之漢歹語言字彙。皇帝一名之對譯作法紅爹。紅爹必爲皇帝之音。譯法字應與暹羅語之 phra 相對。緬語之中亦有此字。寫作 phura. 讀若 phaya. 此名傳佈越南半島全島。以至爪哇。然其發源問題今尙未能解決。按思任發之發。在一切歹種方言之中訓義爲天。已見滇南雜志卷九。必非撰者臆造者也。姑不論解說如何。祇據 bhva 字從歹語譯寫一事。卽可推測南詔名號之起源所餘 udi 一字。俞貝君曾告余云。udi 字寫作 udan 等若 udaya。猶之 vini 寫作 vinan 等若 vinaya 也。顧 udaya 之義訓爲「日出」「東方」。由是余敢深信不疑緬語之 udi-bhva 卽爲南詔王之梵歹名號。亦卽漢語翻譯之日東王也。

又如蒙古人在一二五三至一二五六間授與大理降王之摩訶羅嵯 Maharaja 名號。余以爲亦卽南詔王舊有之稱。元代以前固無史文著錄此號。然有不少著作誌有昔日蒙氏摩訶嵯與三十七蠻部同盟之碑。南詔野史。又雲南通志稿卷一九六。又按蒙氏之王南詔止於九〇二年。而蒙古人所滅者乃叚氏也。南詔於八九世紀大盛以後。國分爲二。西方爲南詔舊封。今之大理。東方爲三十七蠻部之聯邦。而南詔對之僅有上邦之權而已。元代以前著錄此摩訶羅嵯名號之史料雖少。此號似爲今昆明一帶三十七蠻部土邦君主南詔諸王之稱。亦爲元代所認大理降王之封號。否則蒙古人以印度名號封歹稱國王。將不能索其解矣。

南詔王號尚有來歷不明之「驃信」一稱。八〇八年異牟尋死。子尋閤勸立。自稱驃信。明年死。然其所用之稱號仍存。迄於九世紀末年。尚見有南詔數王沿襲用之。新唐書（卷二二二中）云。驃信夷語君也。顧「驃」爲漢籍緬人之古稱。其對音或者爲 Pyu。是爲主要緬種之稱號。南詔王侵入緬甸已有數次。然則可依巴克君之說。而謂驃信爲 Pyu-shin（寫作 pru-rhang）之對音。緬語驃君也。因無他種說明。祇能舉此。聊備一格。蓋南詔諸王雖已侵入緬甸。而對中國以驃君自稱。不能謂非異事也。其尤使此種假說不能成立者。即爲迄於今茲絕對賦與南詔之歹種性質。然余以爲後一非難之說可以免除。蓋余雖以此種族隸於歹種一系。然似有若干痕跡表露其極可注意之緬甸影響者在也。

十六　南詔王父子以名相屬

南詔王父子以名相屬之事。世人久已注意及之。子之名首一字。大致爲父之名末一字。例如盛羅皮子名曰皮邏閣。閣子閣羅鳳。鳳子鳳迦異。異子異牟尋。尋子尋閣勸。勸子勸龍盛。盛弟勸利是已。至利弟豐祐獨異者。因其「慕中國不肯連父名」也。（新唐書卷二二二中）其他諸詔併於南詔之前亦同。蒙巂詔王佉陽照。照子照原。原子原羅。浪穹詔王羅鐸。鐸子鐸羅望。望子望偏。偏子偏羅矣。邆賧詔王豐咩。咩子咩羅皮。皮子皮羅鄧。鄧子鄧羅顛。顛子顛文託。余在此類列舉之中。鮮引兩字之名者。蓋兩字之名常少父名連屬之例。由是余推測父名連名似非通例。而連屬之事乃特別構成者也。子之本名似乎已足。故除豐祐一例之外。中國載籍不常知子名。大致連屬之第一字也。復次南詔諸名之中一字常有羅字。或者諸王之本名卽爲末尾一字。如今日安南之例。所以以父名連屬於子名歟。

此末一點無論如何解說。父子連名之習在歹種地域之中似未重見。有之反之。此事在緬甸固非通例。然其國王世系則供給一種顯明之例也。吾人在 Phayre 之緬甸史 History of Burma, p. 279 中見 Pru-mang-ti 讀若 Pyu-min-ti 一作 Pru-co-ti(Pyu-soti)。其子名Ti-mang-yan(Timinyi)。其子名 Yan-mang-pok (Yi-min-baik)。其子名 Pok-sen-lan (Paik-then-li)。其子名 Sen-lan-krong (Then-li-jong)。其子名 Krong-du-raj (Cong-du-yit)。則謂其偶然相合。似乎難以主張也。

復次、余在中國史文視爲雲南歹種之一傳說中。又見有緬甸之影響。五世紀上半葉撰之後漢書。（二五至二二〇）卷一一六哀牢夷傳云。哀牢夷者。其先有婦人名沙壹。居於牢山。嘗捕魚水中。觸沈木若有感。因懷妊。十月產子男十人。後沈木化爲龍出水上。沙壹忽聞龍語若爲我生子。今悉何在。九子見龍驚走。獨小子不能去。背龍而坐。龍因舐之。其母鳥語謂背爲九。謂坐爲隆。因名子曰九隆。及後長大。諸兄以九隆能爲父所舐而黠。遂共推以爲王。後牢山下有一夫一婦。復生十女子。九隆兄弟皆娶以爲妻。後漸相滋長云云。中國載籍以此哀牢古國位置於今雲南西南之永昌。（清一統志謂即永昌府寶山縣之九隆山。又九隆亦作九龍。見卷三八〇及卷三七七。）是爲此故事相傳之古說。顧至佛教輸入以後。此故事遂爲阿育王 Aśoka 時代一較大故事之一傍枝。此處未便歷引諸說。綜合其內容大致如下。摩伽陀 Magadha 阿育王第三子驃苴低。與妻欠蒙虧生子低蒙苴。低蒙苴生子九人。爲吐蕃、中國、安南、僧伽羅（錫蘭）、南詔、獮夷等國之祖。其沈水化木者。乃第五子蒙伽獨。（一作蒙伽篤）蒙伽獨有子九隆等九人。至若南詔。乃第八子蒙苴頌之子仁果所自出。別有一說。謂仁果爲白飯王 çuklodana 之後。又有一說。謂白飯王本阿育王後。復有若干說。謂蒙伽獨卽爲驃苴低之子。而他說之九子。則爲其第十子九隆之九兄。（有一說蒙常作牟。此二字互用不乏其例。蒙伽獨頗類滇考（雲南備徵志本卷十一）中之龍迦獨。在歹種名稱方面觀之。此蒙伽獨與緬甸史書所載十三世紀撣種人爲 Martaban 之 Wareru 王 Magadu 之名。頗相近也。又按元史類編卷四十二所載之一說。九隆兄弟十人之後。分爲九十九部。乃據緬人之說。撣種卽分爲九十九國也。）諸說之中。似以最後一說羼雜爲甚。至其第一說則明見其將古代之九隆故事與最近輸入的佛教結合之痕跡。第二說則將其鎔合爲一。僅餘阿育王一名表示其爲外來品而已。則欲在此阿育王故事上設爲假定。余所憑藉者。將爲第一說也。

阿育王王子與其九孫暨其九曾孫之名。顯非漢名。設若觀其名稱之組合。則見阿育王子驃苴低名末一字。與其子低蒙苴之名相連。而低蒙苴九子之名。八子名首二字皆爲蒙苴。此與南詔及緬甸父子連名之習相類者也。而且驃苴低名中之驃恰爲中國載籍譯寫南詔時代統治緬甸種族之 Pyu 之對音。再以前述之緬甸王世系對核之。此種王名。據緬史所載。乃二世紀至四世紀在位之王名。其中最可注意者。則 Pyu-so-ti 與其子 Ti-min-yi 之名。奇類驃苴低與其子低蒙苴之名。就字義分析 Pyu-so-ti 一名之義。Pyu 爲驃種之稱。so 似爲君或主之解。或與撣語之 sao (chao) 相對。ti 字此言傘也。按此字在緬甸王名中數見有之。如 Shwe-ti 此言金傘之例是也。顧此 Pyu-so-ti 一名恰爲緬王世系中獨有 Pyu 字之名。其後一王名 Ti-min-yi 之第一字爲 ti。此言傘。第二字 min。此言君主。是亦爲低蒙苴名首二字之對音。至若第三字之 yi。固非漢語譯名之苴。然亦可以緬語解之。按驃苴低之苴。在緬語中則以 so 代。此言首領。若 min-so 寫作 mang-co 此言君主者。在緬王名後常見有之也。阿奴律陀王常名曰 Anôyat'a-min-so。卽其例矣。然則一種歹種故事。何以取一緬王而以之爲阿育王之子歟。緬甸史書可以答此問也。據云與 Pyu-so-ti 爲緬王之一系君主。皆自稱爲孔雀王朝 Moriya (Maurya) 之後裔。由是觀之。其事雖奇。雖有不明之點。此種在雲南發現的阿育王故事出於緬甸之解說。似乎可與余所提出之不少事實相印證也。

十七　麗水及驃國

雲南與緬甸之通道。在八世紀如在今日。皆以大理爲起點。西至永昌。又西渡怒江至高黎貢山。按此山亦作高黎共山·高崙山·高良公山·崑崙岡·可參照讀史方輿紀要卷一一三·雲南通志卷二六·續雲南通志稿卷十四·之諸葛亮城。至此分爲二道。一道向西南行至 Iraouaddy 江。別一道逕向西行。

唐代之人常以 Iraouaddy 江上流與揚子江上流相混。中國人之由建昌河或瀘水至揚子江上流者。卽以瀘水之名統稱揚子江。又因江中有金沙。故亦名之曰金沙江。然其稱 Iraouaddy 江與雅魯藏布江 Brahmaputra 亦作金沙江也。按滇緬劃界圖說名前一江曰大金沙江·水道提綱卷二二亦常名後一江曰大金沙江·此外揚子江又名麗水。此麗江府名之所由來也。顧麗水在賈耽路程及蠻書卷二之中。則指 Iraouaddy 江。譯者按此後以祿郫江名代替西名·一七六六年碑文「祿郫產麗水之金」一語中之祿郫。似亦指此江。緣蠻書卷二云麗水一名祿㟴江。此㟴字疑爲卑字之訛。茲改正爲祿卑。是亦碑文之祿郫也。蠻書所誌祿郫江之文頗有關係。茲爲轉錄如下。「又麗水一名祿㟴江。源自邏些城按邏些一作邏娑·卽今西藏都會之Lhassa則中國人誤以怒江之上流爲祿郫江之上流·此種誤會在十九世紀之歐洲人地圖中亦見有之·三危山下南流。過麗水城西。又南至蒼望。又東南過道雙王道勿川。蠻書之文如此·考新唐書卷二二二下驃國傳·驃國部落二百九十八·以名見者三十二·其中卽有道雙道勿之名·然爲兩部落也·西過彌諾道立柵。按彌諾道立爲新唐書同卷中驃國九鎭城之一名.此城似在彌諾江與祿郫江匯流處之北.又西與彌諾江按此江祇能爲 Chindwin. 考緬甸地誌有 Myit-nge 一名.此言小江.乃對大江 Myit-gi 而言.大江指祿郫江.然余尚未見有用小江之名以名 Chindwin 之例.合流過驃國。此處所指者顯爲國之都城.與賈耽路程所誌同也.南入於海。」後又云「又彌諾江在麗水西。源出西北小婆羅門國。其考見後南流過涠睃苴川。又東南至兜彌伽木柵。分流遶柵居沙灘。南北一百里。東西六十里。合流正東過彌臣國。按彌臣國名見新唐書卷二二二下.並言蠻書卷十.顧蠻書此卷中諸蕃夷國名.幾盡爲太平御覽卷七八九所轉錄.惟不名蠻書.而名曰南夷志.檢册府元龜卷九七二誌有八〇四年彌臣國遣使入貢之事.又卷九六五及太平寰宇記卷一七七誌有八〇五年册封彌臣國王之事.兩唐書本紀列傳所輯南方諸國及其貢使之事.頗不完全.此外且有錯誤.應將散見於唐會要.册府元龜.太平寰宇記.通典.太平御覽.等書關係各國之史料.完全搜集.否則不能在此處討論也.余意以爲其國似在祿郫江口.南入於海。」此中諸名。多難在地圖上考訂其位置。然可以確定者。麗水卽爲 Iraouaddy。彌諾江卽爲 Chindwin 也。

此段祿郫江流域。全屬驃國。此國正史中僅有兩唐書有傳。然前此中國人已知有此國也。太平御覽卷一七七引魏二二〇至二六五晉二六五至四一九人撰之西南異方志及南中八郡志。謂傳聞永昌西南三千里有驃國。余又在郭義恭撰廣志中檢出此國之名。廣志撰者未詳爲何時人。然其書撰輯之時必在唐代以前。蓋隋書五八九至六一八經籍志已見著錄也。後漢書卷一一六章懷太子註引有此書。哀牢夷傳云。

「有梧桐木華績以爲布。」註引廣志曰。「梧桐有白者。剽國有桐木。其華有白毳。取其毳淹績。緝織以爲布也。」又考法苑珠林卷三六引廣志曰。「艾納香出剽國。」由是觀之。在唐以前亦曾以剽國名緬甸也。太平寰宇記證明先從雲南知有驃國。兩唐書之結論亦同。蓋在南詔臣服中國以後。驃王始於八〇二年遣其弟獻國樂。又於八〇七年初隨南詔之使入朝也。見冊府元龜卷七九二。又按唐會要卷一〇〇誌有八六二年二月之貢使。疑誤。蓋此時南詔正與中國交兵。而此次貢使兩唐書及資治通鑑皆未著錄也。至若驃國名稱之來歷。余則取 Pyu 之譯音之說。是即爲蒲甘建都以前以 Prome 爲都城時統治緬甸種族之名稱。至若以驃國作都城之解者。蓋祿郫江共彌諾江流經 Prome 城也。緬使從海道至中國。在宋以前無跡可尋。然不能謂旅行南海之中國人未聞此國也。考 Prome 之梵名作 çriksetra。緬人訛爲 Sarekhettara。讀若 Thaye-khettaya 玄奘西域記卷十所言三摩呾吒東北大海濱山谷中之室利差呾羅國。即以都城之名名緬甸全國。義淨南海寄歸內法傳卷一。亦曾言及此國。撰修唐書者似亦知之。舊唐書卷一九七云驃國「自號突羅成。闍婆 Java 國人曰徒里拙」。新唐書卷二二二下則作突羅朱。僅恃茲二名。決難求其對音。然徒里拙之拙古讀有齒音收聲。或者爲 Thayekhettaya 緬語讀法之對音。舊唐書謂此城「相傳本是舍

利佛 Çariputra 城。」舊唐書卷一九七·册府元龜卷九五七·太平御覽卷七八九·太平寰宇紀卷一七七·唐會要卷一百·通考卷三三〇所誌皆同·至若新唐書「距西舍利城二十日行西舍利者中天竺也」等語有誤·緬人名舍利佛爲 Sariputtara。讀若 Thayi-puttaya 則其以之爲其 Sarekhettara (Thayekhettaya) 城之神。亦無足異也。

十八　雲南入緬甸之西南一道

賈耽所撰入緬甸之兩道。第一道向西南行。至祿郭江。路程所誌甚簡。僅言諸葛亮城「南至樂城。按樂城既爲南詔國進入緬甸最後之一城·應爲舊唐書卷一九七之些樂城·或亦爲蠻書卷六之磨些樂城·二百里。又入驃國境。經萬公按卽新唐書卷二二二下三十二部落之一等八部落至悉利城七百里。又經突旻城至驃國千里。」此路程之起點。吾人業已知之。諸葛亮城在騰越 Momein 之西。怒江及龍川江 Shweli 之間。至是似應循龍川江行。復從祿郭江下行至於驃國都城 Prome。悉利城之所在。核以二百里加七百里與千里之比較。大約應在半道之前。質言之。在太公 Tagaung 城之南。曼大來 Mandalay 城之北。顧此道之前段。較後段爲難行。則應信前段之「中里」較短。悉利城之地位應稍偏北。而此城必爲緬甸之一要城也。考新唐書卷二二二下。驃國九城一名悉利移。舊書誤以之爲王弟之名，册府元龜卷九七六又誤以爲王子。又八〇二年驃王「遣弟悉利移城主舒難陀獻其國樂」應亦指此城。按太公城爲緬甸古城之一。相傳爲其最初都城。明初名此Tagaung曰太公，見南詔野史。元代知上緬甸有五大城，曰江頭Bhamo，曰太公Tagaung，曰馬來Male，曰安正，曰蒲甘緬城Pagan。悉利移似指此城。突旻城應位置於悉利移與驃國都城之間。此城新唐書亦見著錄。而次在悉利移之後。其列舉之次序似自北而南。考上引蠻書記述祿郢江及彌諾江之文。余曾以彌諾道立城位置於彌諾江匯流處之北。又考新唐書此城次在悉利移之後。突旻之前。顧在彌諾江與驃國都城之間。最要之城似爲蒲甘。故余擬以突旻城當蒲甘。按Pagan寫作Pugan，宋史卷四八九作蒲甘，核以占文碑之Pukam及暹羅文之Phukam，可知其古讀作Pugan。路程又云自驃國西度黑山。此山幷見義淨寄歸內法傳卷一。而名曰大黑山。顯爲英文地圖之Arakan Range或Arakan Yoma。逾山後行千六百里至天竺迦摩波國。此國爲今之Assam，昔之Kamarupa。第一道至是與第二道會。

十九　雲南入緬甸之正西一道

此第二道自諸葛亮城與第一道分。逕向西行至「騰充城二百里。又西至彌城百里。又西過山二百里至麗水城。」按麗水爲 Iraouaddy 江。（祿鄖江）然第二道至此中間經行諸地頗難考定爲何地。續雲南通志稿卷十四謂騰充見新唐書。（實見其地理志所引之賈耽路程）無考。蠻書卷二謂由此赴永昌西北之大雪山。此山有路去贊普 btsanpo 牙帳不遠。又卷七著錄有滕充之名。應爲一地。（元史卷六一亦名騰越爲藤充）按今龍川江西之要城爲騰越。土名 Momein。元史明史數作騰衝。元史卷六一謂南詔時已有此名。則賈耽路程之騰充似爲八世紀末之騰衝。亦卽今之騰越矣。以諸葛亮城至此之道里與後此達麗水（祿鄖江）之道里相比較。似乎太短。疑唐時騰充在今騰越城縣治之西。後此之彌城。並見蠻書卷六。續雲南通志稿謂其地無考。又西之麗水城。亦見蠻書卷六卷七。此城當在祿鄖江岸。得令人思及新街Bhamo或其北之一地。顧欲解決此問題。須能考訂後此行程諸點。然余實未能考訂也。路程又云「乃西渡麗水龍泉水。二百里至安西城。」此安西城兩見於蠻書卷六云。「安西城直北至小婆羅門國。」又卷十大秦婆羅門條中有安西城。其文脫誤難讀。安西城方位不明。致使麗水傍之龍泉水考訂匪易。麗水既爲 Irauoaddy 江。龍泉水得爲 Mohnyin 及 Mogaung 之河流。然行程之方向既然不明。未敢斷爲何處也。行程又云。「乃西渡彌諾江水千里至大秦婆羅門國。又西渡大嶺三百里至東天竺北界箇沒盧國。」此段行程之終點不難考訂。是卽迦摩縷波 Kamarupa。質言之。其在雅魯藏布江左岸之 Gauhati 都城是已。在麗水與此國都之間尚有一可考之點。是卽余認爲 Chindwin 之彌諾江。特不知在何處渡江耳。英國學者對於上緬甸與 Assam 之交通必有研究。然吾人之圖書室關於語學之藏書多。關於地理之藏書少。頗有若干著作惜尚未能檢閱。麗水流域與雅魯藏布江之間。昔日必有交通比較便利之孔道。撣種曾在上 Assam 建立一國。而在十九世紀初年。此地全爲緬人所據。麗水至雅魯藏布江間。Hu Kwang 流域。（是亦彌諾江上流流域）昔有一道。然余以爲八世紀之旅行家。似不至於取此北道。賈耽路程中之大嶺。似爲 Kohima 及 Kanipur 西方之 Barel Range 山嶺。核以距離。雖不宜作此解釋。然余仍信麗水西行之道經過 Manipur。而應於此地尋求大秦婆羅門也。此國之名設非臆造。祇能以本地土名附會未善解之。（大秦指地中海東部，又因音類之關係佛教徒有時以大秦爲昔之 Daksinapatha，今之 Deccan 之對音，此處得亦有相類之誤解也。）其以婆羅門名者。殆因 Manipur 及其東方諸流域昔日盛行婆羅門教所致。中國載籍謂緬甸西北有婆羅門。似乎不誤。蠻書卷十謂小婆羅門國「俗不食牛肉。預知身後事。」顧牛肉之戒爲印度一切階級之共有風俗。而中國人之視婆羅門常爲預知未來熟諳魔術之人。由是觀之。此大秦婆羅門國必亦有婆羅門也。蠻書之文脫訛不可句讀。祇知至安息城。此國東去大理四十日程耳。設若其地洵爲 Manipur 可以 Shway Yoe 所撰緬人 The Burman 一書證之。據云。此城人之徒緬甸者。內有佛教徒以星學家重視之婆羅門。其宮廷之幻人皆從 Manipur 來此。

賈耽路程第一道之迦摩波國與第二道之箇沒盧國。皆爲迦摩縷波 Kamarupa 之省譯。決無疑義。其尤可印證此種考訂之是者。吾人在此處與玄奘之路程會合也。玄奘去摩揭陀 Magadha 後。約行九百里至羯朱嗢祇羅 Kajingala 國。此國卽今日恆河南岸之 Rajmahal 區。玄奘自此東渡恆河行六百餘里至奔那伐彈那 Pundravardhana 國。又東行九百餘里渡大河至迦摩縷波國。前人考訂奔那伐彈那之方位者誤。Fergusson 始確定此國應在 Rangpur 方面。其所渡之大河。祇能爲雅魯藏布江。而其在 Assam 行程之終點。乃爲此江左岸之 Gauhati 也。(J.R.A.S., N.S., t. VI)

二十　兩道中之印度路程

賈耽路程第一道自迦摩波國「西北渡迦羅都 Karatoya 河。至奔那伐檀那 Pundravardhana 國六百里。又西南至中天竺東境恆河南岸羯朱嗢羅 Kajingala 國四百里。又西至摩羯陀 Magadha 國六百里。」此一路程恰與玄奘路程相符。國名皆合。玄奘之大河卽為此處之迦羅都河。其為雅魯藏布江無疑。惟現代地理以此名此江右岸之一支流而已。然比較不同者。賈耽路程之道里。少於玄奘所誌道里三分之一。自迦摩縷波至奔那伐彈那。為六百里與九百里之比。自奔那伐彈那至羯朱嗢祇羅為四百里與六百里之比。自羯朱嗢祇羅至摩揭陀為六百與九百里之比。此種道里之相差。於研究賈耽之第二道不無關係也。

此賈耽之第二道。惟至奔那伐檀那國與第一道合。第一道自迦摩波國至奔那伐檀那國僅有六百里。而第二道自箇沒盧國至奔那伐檀那國則有千二百里。第一道乃向西北行。而第二道則向西南行。雖有此種差別。余以為賈耽取材各別。然第一道之迦摩波確為第二道之箇沒盧。就對音方面言。茲二名確指一地。蓋迦摩波卽為玄奘迦摩縷波之省譯。而新唐書之箇沒盧。顯為若干大食著作家之 Kamru 也。惟可以發生問題者。第一道之迦摩波卽為其國之都城。第二道之箇沒盧是否為雅魯藏布江極上流入此國境之一地。然則將求大秦婆羅門國於 Manipur 之北歟。但余以爲無須爲此假定也。中國之里極端不同。第一道之里甚長。第二道之里甚短。玄奘則取乎其中。設若承認玄奘之道里確實。則九百至一千二百之相差。未超過六百至九百之相差也。又況中國載籍中之行程。常以抵國都爲至其國。所以余以爲在騰越以西分路之兩道。皆在 Assam 之 Gauhati 會合也。是爲中國經緬甸赴印度之路程。其尤堪寶貴者。所記者乃爲世人鮮識之南方陸道。而經專門注意東亞印度間南海一道或西域一道交通之現代科學。將其歷史任務減削者也。當十二世紀之時。大理國雖閉絕雲南之交通。中國與地學者尙聞有永昌赴印度之通道。（參照嶺外代答卷二）迨至蒙古時代。拉史哀丁亦曾粗述自印度赴中國之兩道。其一道經滿剌加海峽廣州泉州杭州。別一道經緬甸與金齒 Zardandan 及合剌章等國。晚至一六五二年 Mir Jumla 征服 Assam 之時。彼曾以由此開闢中國通道而自衒也。緬甸之英國學者。久已承認除由海道輸入印度文化於白古 Pégou 及祿郭江（或麗水）之事蹟外。婆羅門教與大乘佛教由 Assam 一道輸入上緬甸一帶之事。亦復甚重。第應爲一種正確之尋究。而使考古學語言學與夫傳說可供此說之憑藉也。余於此處研究印度文化超過雲南山嶽之餘波。設能由是證明緬人爲歹種之實在導師。則余對於本研究中之不少題外生枝。亦不悔矣。

二二　驩州至環王一道

賈耽於交趾雲南緬甸之第一路線外。又以別二路線附焉。其一道自交趾至占波 Champa。別一道自交趾至柬埔寨。兩道皆遵陸路。此種新道。皆以驩州爲起點。驩州爲八世紀末年中國最南之一州。在七九一年時與峯州同建爲都督府。各領羈縻州數州。驩州方位之考訂。雖不絕對確實。然其誤亦不甚重要。按愛州爲今之淸華。今人已無異議。考太平寰宇記卷一七一。愛州南去演州二百五十里。演州南去驩州一百五十里。演州卽今永 Vinh 城北方之演州府。其距離大致似符。演州之南百五十里則至永 Vinh 江之南。今之德壽府與河靜省治之間。古之驩州非近來沙畹君主張之德壽。卽應位之於河靜也。

路程云「自驩州東二日行至唐林州安遠縣。」茲二地名幷見新唐書地理志。今難考定爲何地。蓋其廢置不定也。唐林州在地理志中爲福祿州唐林郡。唐初以唐林安遠二縣置唐林州。後州縣皆廢。六六九年以故唐林州置福祿州。兩唐書似已不知其方位。其所屬之柔遠唐林福祿三縣。在唐末時似已合爲武定羈縻州。其廢置之不定。似因中國與占波之爭勝負不常。又考柔遠本名安遠。七五七年更名。賈耽所誌路程。似在是年之前。然此亦不足爲準。賈耽或用舊名也。其所稱之環王。爲七五六年後占波之號。

路程又云「南行經古羅江。二日行至環王國之檀洞江。又四日至朱崖。又經單補鎮。二日至環王國城。故漢日南郡地也。」按環王卽占波。二日行至占波邊境。路程所誌似與地圖所載不符。蓋在安南此處海岸之間。須自河靜東行繞過橫山。始再南行也。其古羅江。余以爲今之 Song Giang。其檀洞江余以爲今之日麗或東海 Dong-hoi 江。此處之朱崖與海南島之朱崖同名。意者兩地同名。抑爲朱吾之誤。未可知也。

二二　林邑古都問題

惜賈耽所誌此段路程不甚詳明。否則將使吾人不用討論而解決占波史之一最巽難題。蓋考古學之發現與夫碑刻。皆未能確定占波諸王定都之所在。根據不甚可靠之占波年表。（今本爲十九世紀本）著錄其繼續定都之處有三。艾莫涅 Aymonier 君曾考擬其 çri Banoy 在 Dong-hoi（此名皆譯作東海）方面之廣平 Bal Hangov 在今之順化。Bal Angoué 在今平定省中之闍盤廢城。自九八二年安南之役以後。由東海徙都順化。又據占波年表自順化徙平定之時。在十三世紀中五十至七十五年之間。依上一說。謂占波都城在東海方面歟。惟據後此之說。此種假定與賈耽路程所誌不合也。而且謂占人位其國都於極北邊界「虎口」之中。其事未免可異。惜余不能在此處詳究此占波都城之重大問題。然余以爲雖不能爲根本之解決。應言其如何提出之方式也。

占波年表未言其三都之方位。艾莫涅之立說。乃以安南向南擴展其疆域。應以此三都城位置於自北迄南也。其以 çri Banoy 位置於東海地域之要據。則在其間接引證宋君榮 Gaubil 神甫之說。宋氏引七二一年僧人一行之推算。謂林邑都城在北緯十七度十分。乃考新唐書卷三一天文志云。「林邑日在天頂北六度六分。疆極高十七度四分。」則其所引之文有誤矣。設若中國之推算與吾人之推算相合。則其地之緯度應爲十七度二十四分。總之。一逾十七度。問題卽不能涉及廣平之南也。

考隋書（卷三及五）一六〇五年劉方平林邑。分其地爲三州。曰蕩州。尋改比（一作上一作匕一作北）景郡。曰農州。尋改湯陰郡。曰沖州。尋改林邑郡。此三郡約當漢日南郡之北部。今日大概包括廣平廣治二省。而視將來林邑郡城方位之確定。或者並將順化包括在內。其地域小而人口不多。隋時比景郡有戶一千八百十五。海陰郡有戶一千一百。林邑郡有戶一千二百二十。乃九眞郡則有戶一萬六千一百三十五。交趾郡有戶三萬五十六。（隋書卷三一地理志）此種郡縣之制設不逾十年而隋亡。唐興。又將上安南之行政地圖改造。然仍於隋林邑郡置林州。此制在名義上迄於八世紀末年未改。（新唐書卷四三下）第在賈耽路程不見其名。足證其在八世紀下半葉中已與實際不符。其故不難知之。緣占波國王之失北疆者。在八世紀中乘中國之亂而恢復失地。所以賈耽位其北境於余以爲今東海河之檀洞江。由是新唐書天文志所測之極高。然後可解。蓋一行之測中國諸城之緯度以七二〇年頃之林邑爲最南。而舊唐書地理志（卷四一）云。「乃於驩州南僑置林邑郡以羈縻之。非正林邑國」也。

東海之考訂既不可從。此問題遂完全未決。吾人不知林邑國都之所在。或者幷占波之前後國都皆不知之。第中國史籍所著錄之漢時象林縣。亦卽林邑建國之縣。昔爲日南郡極南之一縣。其事則確然無疑也。史籍所誌一三七年區憐之叛。設其洵爲一種占族運動。則應謂象林爲占人所據。蓋史文謂「日南徼外蠻夷區憐等」也。然則當時之日南爲今之何地歟。隋之日南卽爲唐之驩州。今之乂安一部及河靜全省。可勿庸疑。然一切史文皆證其非復漢之日南。而漢之日南更在其南也。（安南史籍以驩州爲乂安。而以漢之日南在今廣平廣治二省。）吾人賴有一確定之證明。可以藉悉紀元初數世紀間日南之方位。晉書卷九七云。「林邑少田。貪日南之地肥沃。常欲略有之。」至三四七年。林邑王范文遂攻陷日南。據有其地。告交州刺史朱蕃。「求以日南北鄙橫山爲界。」按一山之變遷。不同郡縣。今日橫山之名。仍舊未改。是爲東京與安南之天然界綫。其山在河靜廣平之間。迤邐入海。歐洲人名之曰安南關。（按橫山之考定見明一統志卷九十）至若中國人移日南之名於其北者。蓋因越年既久。漸忘日南之實在方位。乃以此名名其最近領地之區域。迨至七世紀初年。暫時佔領舊日領地一部份之時。習慣已成。仍以漢時日南之比景朱吾西捲等名名之。然其視日南郡仍在橫山之北也。

六世紀初年撰之水經注所誌林邑二城。一爲北方之區粟。一爲南方之林邑都城。兩城皆大。不難有日發現其遺址。二四八年占人初奪區粟城於中國人之手。（水經注卷三六）考諸史文。皆言范文前王范逸時始知造作宮室城池。（水經注卷三六．南齊書卷五八．）則此種建築可上溯至於四世紀上半葉中。水經注引林邑記云。區粟城「周圍六里一百七十步。東西度六里五十步。磚城二丈。上起塼牆一丈。開方隟孔。塼上倚板。板上五重層閣。閣上架屋。屋上架樓。樓高者七八丈。下者五六丈。城開十三門。凡宮殿南向。屋宇二千一百餘間。市居周繞。岨峭地險。故林邑兵器戰具悉在區粟」。關於區粟之方位者。有記述四四六年檀和之討林邑王范陽邁之役之文可考。南齊書卷五八云。「區粟（南齊書誤作區栗）城建八尺表。日影度南八寸。」史文雖未言測量之時。意度似在夏至。設日影洵爲八寸。應求區粟城於廣平之南。蓋八世紀所測之緯度十七度。使吾人知其地爲廣平。而廣平日影夏至在表南五寸七分也。

水經注所誌之別一城。卽爲林邑都城。城周圍八里一百步。塼城二丈。上起塼牆一丈。上有層閣屋樓。如同區粟城。開四門。東爲前門。當兩淮渚濱。於曲路有古碑。夷書銘讚前王胡達之德。西門當兩重塹。北迴上山。山西卽淮流也。南門度兩重塹。對溫公壘。北門濱淮。路斷不通。城內小城周圍三百二十步。

神祠鬼塔小大八廟。郭無市里邑寡人居。四四六年檀和之征林邑。其王陽邁奔竄山藪。和之軍還之後。陽邁歸國。國家荒殄時人靡存。因以憤死。此五世紀之都城。設若仍爲四世紀時之都城。吾人尙有一種表影之觀測。可以便利考訂。通典卷一八八云。三四九年林邑王范文死。子范佛立。猶屯日南。九眞太守灌邃率兵討佛走之。邃追至林邑。時五月。立表日在表北。影在表南九寸一分。（此文並見太平寰宇記卷一七一）五月雖非夏至。然距夏至必然不遠。總之除對於此種觀測之是否正確可以懷疑外。不能用表影九寸一分而求四世紀林邑都城於前述緯度之北矣。

不論將來之尋究位置四世紀五世紀甚至六世紀之林邑都城於何處。吾人現在尙無否認或肯認其在六〇五年劉方破林邑前。是否尙在原處之理由。當中國佔領其國北部設置三郡之時。新唐書卷二二二下云。其王范梵志「裒遺衆別建國邑」。中國史籍所誌七八世紀時占波之歷史大致如下。六二三年六二五年及貞觀（六二七至六四九）初。范梵志遣使入貢。六三〇年六三一年及其後數年。其王范頭黎繼續遣使入貢。頭黎死。子范鎭龍立。六四五年摩訶慢多伽獨弒鎭龍。滅其宗。范姓絕。國人立頭黎壻婆羅門爲王。大臣共廢之。更立頭黎女爲王。諸葛地者頭黎之姑子。父得罪奔眞臘 Cambodge。女之王不能定國大臣共迎諸葛地爲王妻以女。（舊唐書卷一九七·新唐書卷二二二下·）六五三年諸葛地遣使入貢。（冊府元龜卷九七〇）六六九年鉢伽舍跋摩 Prakaçavarman 入貢。七一三年建多達摩 Vikrantavarman 入貢七四九年盧陀羅 Rudravarman 入貢。（並見冊府元龜卷九七〇·卷九七一·卷九七六·唐會要卷九八·）以上諸王入貢皆名其國曰林邑但據新唐書（卷二二二下）至德（七五六至七五七）更號環王。此名頗難索解是亦賈耽路程著錄之國名。據余所知環王國貢使始見於載籍者爲七九三年之貢使。（冊府元龜卷九七二·）最後八〇九年安南都護張舟大敗占波。（新唐書卷二二二下）

根據晚見之文如明一統志（卷九〇）東西洋考（卷二）與夫越史通鑑綱目（卷三）皆言自張舟一役以後其王徙都占城。故中國名其國曰占城諸書之所本不幸余尙未能發現惟在事實上舊唐書記載止於七世紀中諸葛地之女卽位之時不知有占波之名。通典記載止於諸葛地僅謂其時林邑更號環王。未言占城或占波也。迨至新唐書之記載止於九世紀初年張舟之役亦謂其國更號環王亦曰占婆。又云。王所居曰占城。別居曰齊國曰蓬皮勢。（此名似爲譯音然不詳其原名爲何）最後似在八七七年始名其國曰占城。（見續表錄異卷上）而後周時九五八年及九五九年。其王因德漫 Indravarman 之貢使皆以占城名其國。自是以後雖有國都之遷徙。以迄於亡。皆名占城也。

由是觀之日影之觀測。與夫考古學及碑銘學之發現。皆無新事可據。林邑都城問題。余以爲頗難解決。至余欲在廣南尋求其或者相距不遠之歷來國都。而以區粟城位置於順化界內者。純粹本於感覺然此假定亦有一重大難題。未能解決。蓋現在廣南之中。尙未發現水經注所誌之大城廢址也。即在順化一地之中。僅有距今順化不遠河流右岸之上有一大城。可當昔之區粟。然安南史家考訂其爲占波都城佛誓。吾人行將說明此說亦有其可駁之點。吾人應謂六〇五年劉方將城全毀一石無存。抑謂四四六年爲檀和之所毀以後迄未重建歟。此種問題現在頗難答復。然以余說與賈耽路程對照。可以調和。蓋由東海至廣南。爲程祇需六日也。

一二三　占城

通典卷一八八中誌有一語。或者可爲一種最後之指定。其文曰「林邑浦外有不勞山。」此不勞山余意以爲即是廣南江口外之 Culao Cham 島。而由是可以主張林邑浦即爲廣南江。在余主張在同一地域尋求林邑古都與占城新都者。固可以承認通典所載之證據。但在將來。設有用一長遠距離分別茲二都城之必要者。則應承認通典未言徙都占城之事。而其不勞占之記載。似在遷都之後。而其地在占城江口。蓋余以爲須由廣南江始達占城也。

考訂占城之方位。今有若干較考訂林邑爲堅強之材料。吾人前此已言占王遷都占城最晚不過九世紀之初。顧此「占」字。迄於今日。除用爲全國之通名以外。尚爲廣南地誌中一種特別名稱。今日廣南江口尚名大占海口。距此江口約十二公里。有島名曰大占嶼或岣嶗占也。（此種地名並見一八六〇年阮文顯撰盤城記。此書鈔本現藏順化。）

余尚未能考訂此大占海口之名稱始於何時。然自安南佔領以來。其名似未變也。至若岣嶗占 Cu-jao Cham 一名。吾人幸有旁證可引。新唐書卷二二二下環王傳云。「有罪者使象踐之。或送不勞山界自死。」又考賈耽路程之海程。有「行至占不勞山。山在環王國東二百里海中」等語。環王傳又云。「環王本林邑也。一曰占不勞。亦曰占婆。」賈耽之占不勞距離過遠。然在事實上不能謂其非岣嶗占。通典與新唐書之記載。皆與此解釋完全相符。所餘者此名之組合耳。有人以爲新唐書之占不勞卽爲占波補羅 Campapura 之譯名。譯寫雖不依式。然亦有其可能。顧此占不勞與賈耽之占不勞實二而一者也。若謂此島卽名占波補羅未免甚難。意者由廣州航海之人至岣嶗占而識占波海岸。誤以島名爲國名歟。要之新唐書洵有此誤也。余以爲占不勞卽爲岣嶗占。而岣嶗占卽爲馬來 malais 語 Pulau Cham（此言占島）之轉。緣此名非中國名。亦非安南名。安南人語中無重唇音。發語之 p 在 u 前者。輒讀若 k。此 pulau 之所以變爲 culao 也。明時人所稱之占筆羅亦指此地。（見東西洋考卷九至宋史卷四八九及通考卷三三二之占不牢。則別指海峽一地。）則唐時占王放流罪人之占不勞與賈耽路程中之占不勞。卽爲今之岣嶗占。觀其名稱比較之古。又可推測廣南江口之稱大占海口之一事。而求占城國都於此江之中。至若塼牆之欠缺。亦不足爲吾說之障。蓋舊唐書卷一九七謂其王居之城以柵爲之。不論其所言者爲何都城。唐時之占王似未建有古林邑式之城郭。此事至少在宋（九六〇至一二七八）初諸帝時爲然。緣宋史卷四八七明言占城「國無城郭」也。

東陽 Dong-duong 地方有一闍耶僧訶跋摩 Jaya Simhavarman 時代之碑文。可以完全印證上述之說。此王爲八九八年時人。此碑或者建立於本地。碑云建碑之所名因陀羅補羅 Indrapura。

中有一頌文雖殘闕然可解此因陀羅補羅即指「名曰占波 Campa」之城則指國之都城矣。現在中國史籍既使吾人尋求占城於廣南余以爲應以今之東陽村爲九世紀之占波都城也。然此考訂又有一新難題之發生。艾莫涅君以占人之第二都城 Bal Hangov 位置於順化。相傳此城爲 Po Klong Garai 建於十二世紀之中。惟此遷徙頗不可解。占波既屢與安南爭戰。緣何以其國都位置近於敵人之所在耶。

實言之艾莫涅君之考訂似本於下述之理由。蓋其以第一都城 çri Banoy 既在東海第三都城既在平定。則應立置其第二都城於兩地之間。顧在順化有一舊城則當然求 Bal Hangov 於此。但東海既非舊都所在。而順化之舊城得爲林邑之一舊城如區粟城者。則已無可爲此主張之理由矣。安南史籍著錄占波都城之名有二。曰佛誓。（中國史書作逝）曰闍盤。一〇四四年及一〇六九年時安南國王曾陷佛誓。闍盤一名則一三一二年初見於史書。（大越史記全書本紀卷六）而越史通鑑綱目（卷三）則明言佛誓爲順化。闍盤爲平定也。

綱目之考訂似不可恃。蓋綱目爲十九世紀中之纂輯。其所根據者不能必其爲古籍也。茲舉一例以證之。據云佛誓城據大淸一統志爲占城古都。卽今承天府香水縣之月瓢村云云。吾人所藏大淸一統志不全其中卽缺安南一卷。不能考綱目所引之眞僞。顧承天一名始於十九世紀。而大淸一統志撰於十八世紀。余以爲所引之原文。僅爲佛誓爲占城古都一語。至其考訂之今地。乃綱目增入之文也。

對於此點姑不論其引文如何。尙有反對佛誓爲順化之重大駁論也。其要據亦出於中國之載籍。安南史書（綱目卷一大越史記卷一越史略卷一）謂九八二年安南王黎桓侵入占城殺其王篦眉稅 Parameçvara。乃考宋史（卷四八九）則謂九八五年其王施利陀盤吳日歡 çrindraavrman 遣使婆羅門金歌麻入貢。且訴爲交州 Tonkin 所侵。九八六年儋州言占城人蒲羅遏爲交州所逼。率其族百口來附廣州上言。九八七年占城人一百五十人來歸。九八八年又有三百一人來附。九八九年自稱新坐佛逝國楊陁排 Yon Indravaeman 遣使李臻貢馴象方物。表訴爲交州所攻。國中人民財寶皆爲所略。上賜黎桓詔。令各守境。則在九九〇年前不久（大越史記全書作九八八年）安南侵入之後。占王始遷都佛誓也。宋史同卷又云。一〇〇七年「其使言本國舊隸交州。後奔於佛逝。北去舊所七百里」可證前說也。

此種記載似甚確實。蓋自廣南東陽南之七百里或三百五十公里。大致即爲闍盤城。業見存在之平定。由是觀之。似爲一城先名佛誓。後名闍盤。余尙有說可爲此說之憑藉也。

十五世紀時安南所取占波之最後都城。即在平定。而爲今日尙名闍盤之廢城。絕無可疑。吾人前此已言此名初見於一三一二年。則其時在十四世紀之初矣。吾人更可上溯至於十三世紀之上半葉。考諸蕃志卷一占城國都名曰新州。顧在東西洋考卷九及明史卷三二四中。此新州有時亦作新洲者。乃指平定之尸耐港。亦即今日之歸仁也。平定有一二三四年之碑文。上載有一占王重興今日廣南美山之祠於北方。又與今日衙莊之祠於南方等語。芬諾 Finot 君又曾主張位置 Amaravati 地方於廣南之說。乃考一一七〇年及一一九四年之碑文中有占波諸王來至北方 Amaravati 之語。則應求其都城於廣南之南。而在後一世紀之中。似應即在平定矣。

顧諸蕃志與夫占碑之記載。惟能上溯至於十二世紀之中。吾人爲位置十世紀之都城於平定。不得不根一種里數之概算。玆幸有越史略之一記載。可以實吾說也。考諸正史。祇載一〇六九年之安南舟師止於佛誓。越史略則詳誌其停泊之所。考越史略卷二云。二月丁巳（干支之第五十三日）至乂安州。乙丑（一次干支之第二日攻日麗海。克之。己巳第六日度大長沙。庚午第七日次思容海口。順化小灣南口三月癸酉第十日夜龍見於景勝舶。丙子第十三日次尸唎皮奈海口。進次須毛江岸。官軍縱擊。斬其將布皮陀囉。其主第矩攜妻子夜遁。是夜引軍傳佛誓城。至同羅津。佛誓人降。夏四月俘獲第矩於眞臘界。

核以右文。舟師自順化小灣南口至佛誓城須經六日。則絕不能謂佛誓在順化矣。反之若注意舟師進行時之所有意外事件。則自順化灣口六日所至似爲歸仁。

尸唎皮奈之名。並見安南史書。大越史記全書本紀卷六誌有一三〇三年安南遣使至占城國都諭禁昆尼貿易一事。昆尼註云。占城商港。諸大商舶之所晉聚。按十四世紀初年占城國都卽在今之平定。根據此文。足證昆尼港距國都不遠。應爲越史略之尸唎皮奈。尸唎必爲 çri 之對音。省此二字遂成昆尼。由是觀之。尸唎皮奈及昆尼皆得爲今歸仁矣。

有一中國記載可以解決此項問題。一五二〇年刊黃省曾撰西洋朝貢典錄。記述十五世紀初年鄭和等旅行南海所歷諸國之書也。其卷上占城國條云。「南澳今汕頭東之 Namoa 島又四十更原註六十里爲一更按又有以二十四小時爲十更者至獨豬之山。獨豬一作獨珠今海南島東之 Tinhosa 島。又十更見通草之嶼。疑爲 Culao Re 島北之北島。取外羅之山。似卽

Culao Re（此島亦名 Poulo canton）又七更收羊嶼。（羊嶼似應為 Poulo Gambir）國東北百里巨口曰新洲港。港之滸標以石塔。其寨曰設比奈。二夷長主之。戶五六十餘。港西南陸行百里為王之都城。其名曰占城。壘石為之。四方有門。門有防衛。」

準是以觀。十五世紀占城國都必在平定。其新洲港必為歸仁。入港之石塔。Phillips·君武備祕書地圖上已有標誌。西洋朝貢典錄略有小誤。蓋闍盤在歸仁之西北。而不在其西南。然此不足為新州港考訂之大礙也。此寨既名設比奈。必為越史略之尸唎皮奈。顧尸唎皮奈為佛誓城之海港。一如設比奈之為闍盤之海港。由是可知佛誓不在闍盤。亦必在其附近。而決在平定也。

如前所述。尸唎皮奈即為今之歸仁港。顧此港今日安南人名之曰尸耐或施耐。此名既非中國語名。亦非安南語名。考其起源。應上溯至於占城統治時代。當一四七一年黎聖宗攻取闍盤之時。未陷闍盤以前。先取尸耐城。（大越史記全書本紀卷三）此尸耐似即十五世紀初年中國人所識之設比奈。其在安南佔據以前既有是名。似頗有發源於占語之可能。則假定今之尸耐與十五世紀上半葉之尸耐。僅為舊日尸唎皮奈之省稱。亦屬當然矣。

復次、此以 çri 開始之尸唎皮奈頗令人憶及占波年表中之 çri Banoy。惟此年表名十一二世紀之占城王曰阿羅 Allah 誠不能不令人疑此年表編定之晚。其時殆在十五世紀占城人被逐出闍盤城甚久之後。而民衆之傳說。或誤以平定古港之名爲一都城之名也。

吾人對於占波諸都城之考訂止於此矣。蓋欲考訂八世紀末年環王國之都城。不能不並考林邑之古都。與夫占波都城。林邑古都似在廣南。而九世紀初年都城所在之東陽村。亦恰在廣南境內。後在九八二至九九〇年間。復由此遷於以歸仁爲海口之佛誓。而此佛誓城至少在十四世紀初年。卽建於今日平定城北尚可見之闍盤廢城之同一處所也。

二四　驩州至眞臘一道

賈耽路程曰「自驩州西南三日行度霧溫嶺。」此嶺應指安南山系。其名並見新唐書卷二二二下環王國傳。傳云「西距眞臘霧溫山」。大越史記全書本紀卷四云。一一五〇年眞臘侵乂安。至霧濕山氣候濕熱。多染疫死。越史通鑑綱目卷五云。霧濕一作霧溫。又引退食記聞云。霧溫應爲乂安之香山禹門山之一支也。惟核以賈耽路程及環王傳之文。此嶺縱不指全系之山。亦應包括山之極大部份也。路程又云「又二日行至棠州日落縣。」考太平寰宇記卷一七一。驩州西南三百里至棠州。顯爲一地。路程又云「又經羅倫江及古朗洞之石密山。三日行至棠州文陽縣。又經犛犛澗。四日行至文單國之算臺縣。又三日行至文單外城。又一日行至內城。一曰陸眞臘。其南水眞臘。又南至小海。其南羅越國。又南至大海。」

觀此路程。可見八世紀時中國國威尚及老撾 Loas。蓋逾安南山系九日始達文單國之一屬縣也。不幸行程所誌甚簡。不易知爲何地。文單國之方位雖尚不明。然有旁證可引。新唐書卷二二二下眞臘傳曰。「神龍（七〇五至七〇六）後分爲二。半北多山阜。號陸眞臘。半南際海。饒陂澤。號水眞臘。」「陸眞臘或曰文單。曰婆縷。」「王號笪屈。」賈耽之文單乃指此國。吾人所知其國遣使中國之事。有七一七年之第一次貢使。（册府元龜卷九七一·又卷九七四·唐會要卷九八·）七五〇年之第二次貢使。（唐會要卷九八與水眞臘合言之。元龜卷九七一誤作眞臘·）七五三年文單王子率其屬二十六人入朝。旋從何履光討南詔之軍行。（元龜卷九七五）七七一年副王婆彌及妻入朝。（新唐書卷二二二下。元龜卷九六五。又卷九七六。又卷九九九）最後於七九九年遣使李頭及入朝。（元龜卷九七六）此後未見文單之記載。亦未言柬埔寨在何時重再合爲一國。關於其方位者。吾人僅知其在水眞臘之北。又據賈耽路程之方面。知其在瀾滄江 Mekong 中段。其西北屬國曰參半。新唐書卷二二二下又有屬國曰道明。新唐書同卷顧參半之入貢事在水陸眞臘分立之前。疑此二國並屬水陸眞臘。而不專屬文單。按交州文單之交通。已見載籍。新唐書卷二二二下曰。驩州接文單占婆。太平寰宇記卷一七一曰。驩州西南至文單國。十五日程七百五十里。又據大越史記全書所誌眞臘人侵入乂安之文。是證安南與柬埔寨間瀾滄江一道之開通已久。

然應位置文單於瀾滄江中段之何地歟。巴司將 Bastian 君曾疑其爲萬象 Vieng-chan 之異譯。見所撰 Die Völker des Oestlichen Asien, I, 468 然萬象處河靜之正西。而不在其西南。此地在十三世紀時固知其爲柬埔寨國之一部。然在 Se Mun 之北。未見有十一世紀前之碑文也。若求之於白沙 Bassac 之南。則賈耽與太平寰宇記所誌行程之時間。未免過短。然核以柬埔寨碑文之材料。余以爲似應求文單於瀾滄江之下流也。按迄於八世紀末年之柬埔寨都城名 Vyadhapura。嗣經艾莫涅君考訂爲今 Prei Krebas 省中之 Angkor Borei。至八〇二年。其王名闍耶跋摩 Jayavarman 者。遷其國都於

Mahendra 山中。山在今 Promtep 省中之 Phnom Kulen。按據碑文。此王非 Vyadhapura 之正統 adhiraja 王族。然爲昔商部補羅 (Sambhupura 今 Sambor 城諸王之族。碑文又載此商部補羅屬國前王二人之名。一爲此王之母舅父之舅父 Puskaraksa。一爲其父 Rajendravarman。此商部補羅屬國在八世紀爲立國之年頗長。而中國載籍著錄此文單國名卽在此八世紀之間。觀其所誌此國之重要。似視商部補羅諸王如同獨立國王。至在八世紀以後不知有文單國者。蓋因八〇二年闍耶跋摩已將柬埔寨統一。由是觀之。賈耽路程道里雖云過短。余頗疑文單卽爲商部補羅。而應於白沙境內求算臺古縣云。

下卷　海道考

二五　自廣州至滿剌加海峽

賈耽記述交州通外國諸道之後。又述廣州通海夷道云。「廣州（大食著作家名此地曰廣府Khanfu。按廣府之稱。已見南海寄歸內法傳西域求法高僧傳。貞元釋教錄諸書著錄。）海行二百里至屯門山。」此海行二字適用於全線。然從廣州至南海。惟於航行珠江時始向東南行也。考十二世紀撰之嶺外代答卷三曾云。至廣州者入自屯門。廣東通志卷一二四地圖之上。尙載屯門之名。其地在大嶼山及香港二島之北海岸及琵琶洲之間。觀諸地之相隣。此地似即唐宋時之屯門。蓋一〇一五年之一路程。即至廣州之琵琶洲也。（見宋史卷四八九注輦傳）「乃帆風西行二日至九州石。又南二日至象石。又西南三日行至占不勞山。山在環王國東二百里海中。」占不勞山吾人已知其爲岣嶗占Culao Gham。其前此諸名。大致可以考訂其方位。西行二日。大致抵於海南島之東北角。其九州石似爲Taya諸島。後來以「七洲」名者是也。自是沿海南島東岸南行二日。

所至之象石得爲今之 Tinhosa 島。亦明代旅行家之獨珠山。或爲其較南之一島。自是西南三日行至占不勞山。

自占不勞山「又南二日行至陵山。又一日行至門毒國。又一日行至古笪國。又半日行至奔陀浪洲。」

按奔陀浪即賓童龍 Panduranga 今之藩籠 Phanrang 是已。此段路程沿岸皆屬占波國境。所謂門毒古笪二國。祇能爲國中之二州。或者享有一種自治。然非獨立之國也。古笪一名既在奔陀浪之前。似爲碑文中之 Kauthara 今日衙莊 Nha-trang 之梵名也。由此推之。門毒應在歸仁方面求之。其北方之陵山。或爲 Sa-hoi 岬。然此陵山非明代所知之靈山。星槎勝覽卷一。西洋朝貢典錄卷上。東西洋考卷九。蓋此靈山在煙筒山及伽南貌見東西洋考卷九。西洋朝貢典錄卷中作伽喃模。似爲一種香木。名 Cal mbac 者之譯名。此木元史卷二三名伽藍。西洋朝貢典錄卷上名迦闌。或奇南。星槎勝覽卷一作棋楠。疑島以產此香木著名。之間。而在 Cap Varella 岬方面也。

奔陀浪洲「又兩日行到軍突弄山。又五日行至海硤。蕃人謂之質。南北百里。北岸則羅越國。南岸則佛逝國。」此海硤必爲滿剌加 Malacca 海峽無疑。則在賈耽路程之中。自廣州至海峽約需二十日。其他行紀所誌時日大略相等。義淨行程不及二十日。十三世紀諸蕃志卷上所誌泉州至蘇門答剌之三佛齊之行程。則有月餘。從藩籠至海硤需時七日可與明史卷三二五所誌之行程相參證。明史所誌占城似卽歸仁至萬丹 Bintang 方面之龍牙門之行程。順風八日可至。且據明一統志卷九十及一七三一年本廣東通志卷五八。自占城至蘇門答剌。僅須五日。然此五日行程。帆船雖有順風。似乎過速也。

二六　崑崙國及崑崙語

軍突弄山新唐書卷二二二下作軍徒弄山。其室利佛逝傳云「室利佛逝一曰尸利佛誓。過軍徒弄山二千里。」其爲 Poulo Condore 無疑。此名中之弄音無從索解。然徒音古讀若 thut。蓋漢音中無 r 聲收聲字。在譯寫中常用齒音收聲字代之。若以讀若 tat-ma 之達摩譯寫 dharma 之例是已。則軍突或軍徒可以譯寫 Condore。然亦有人謂其原名之非是者。Groeneveldt 君云。其土名作 Kon-non。至 Condore 乃訛譯也。(Notes on the Malay Archipelago) 高楠順次郎在其南海寄歸內法傳譯文中所持之說亦同。Schlegel 君謂此島土名 Con-non。漢譯爲崑崙或崑屯云云。然此「土名」作何解歟。Schlegel 君又云馬來人名 Poulo Condore 爲 Pulau

Kundur。此言南瓜島也。通報第二類第二册則 Con-non 非馬來語名矣。然亦非柬埔寨語名。而諸人所謂之 Kon-non 土名。實爲現在安南語名崑嫩之對音也。然此安南語名發生之時代甚晚。安南人晚至十八世紀始至下南圻 Basse-Cochinchine。而其崑嫩不能爲十五世紀時所見漢語崑崙之原名也。在安南人抵其地之前。其名祇能爲馬來語名。考柬埔寨語名 Koh Tralach。即與馬來語之 Pulau Kundur 相合。亦言南瓜島也。復次九世紀之大食旅行家之 Sundar Fūlat。又十三世紀時之 Sondur 與馬可波羅 Marco Polo 行紀之 Condur。皆近馬來語名也。至若漢語之崑崙的譯法。亦無難題。蓋馬來語之 d 有時讀若 t。有時讀若 l。而安南之崑嫩。實本於馬來語之 Kundur。與中國語之崑崙者也。

此軍突弄一名。在別一方面尤有特別之關係。考七八世紀之中國載籍。數見崑崙國及崑崙語之記載。顧在今日 Poulo Condore 一名既經中國人譯作崑崙山。世人幾盡以此島之名與崑崙語有一種語源之關係。余以此說誤也。按崑崙爲中國地誌之一著名名稱。相傳爲紀元前十世紀時周穆王會西王母之所。自是以後。會將崑崙位置於各地。則因音之相類。以此名譯寫恆河以東之民族。與夫後來用作 Poulo Condore 之名。皆無足異矣。但考賈耽路程與新唐書室利佛逝傳之譯名。足證此島在唐時尚未經中國人名曰崑崙也。

至若崑崙語與崑崙國之原來。現尚朦昧不明。續高僧傳卷二彥琮傳曰。六〇五年劉方「平林邑所獲佛經合五百六十四夾一千三百五十餘部並崑崙書。」義淨曾言中國僧人在今巴林馮 Palembang 或詹卑 Jambi 地方之室利佛逝國習崑崙語。（大唐西域求法高僧傳運期及大津兩傳）慧琳在一切經音義引慧超往五天竺國傳。謂閣蔑為崑崙諸國中之大國。敬信三寶。舊唐書卷一九七云。「自林邑以南皆拳髮黑身。通號為崑崙。」冊府元龜卷七九六謂崑崙之墟有火山。人取木皮績為火浣布。茲皆崑崙一名廣義之引用也。（又如唐會要卷九八之殊奈甘棠皆為崑崙人之記載亦屬此類）準是以觀。似越南半島南部及諸島之人。大致皆名崑崙。義淨所言室利佛逝國之崑崙語。曾與梵語分別言之。則祗能為馬來語或爪哇語。五百六十四夾崑崙語佛經之數。洵為可驚。從前占波經文。似無如是之多。馬來文學比較尚晚。僅有爪哇似有不少撰述。然不能將古爪哇語 Kawi 之撰述上溯至於隋時。（荷蘭學者考訂其最早時間不過紀元七七八年。）所餘者祇有猛 Môn 種之古籍。猛種現有全部三藏。然世人鮮有知者。吾人亦無從考證之。然則謂續高僧傳將崑崙語與梵語混而爲一。不能謂非異事。總之此書有一吾人現在知識所不能解決之問題也。

然此崑崙一名在南海之中尚有一種狹義藉義淨之記述可以知之也。考南海寄歸內法傳卷一。義淨於記述印度以東信仰佛法諸國。若室利察呾羅 Çriksetra 緬甸 郎迦戍 Tenasserim 杜和鉢底 Dvaravati menam 流域 林邑 Champa 等國。及海中諸州以後。又云「良爲掘倫初至交廣。遂使總喚崑崙國焉。唯此崑崙頭捲體黑。自餘諸國與神洲不殊。赤脚敢曼。總是其式。廣如南海錄中具述」。高楠順次郎在其譯文之中既以崑崙爲 Poulo Condore 之考訂爲起點。自以此崑崙國即爲此島。所以言及此島所誦之佛經。所產之丁香。此說已爲艾莫涅君所糾正。蓋一種僅能養給數百人之島嶼。不能有此盛況也。然縱使義淨取崑崙之廣義。南海之中似必有其所稱之骨崙或掘倫之存在。顧 Ponlo Condore 之在當時既尚無崑崙之名。吾人已無再將其位置於此島之理由矣。

然在南海中尚有中國載籍特名爲崑崙之國也。宋史卷四八九闍婆傳所言爪哇東汎海半月而至之崑崙國。暫時姑置不論。蓋不問其爲何國。早至交廣者必非此國。然除馬來羣島已識之島外。尚有馬來半島在也。義淨所用之「洲」字略感困難。然洲字之義。如同梵文之 dvipa 可訓爲島。亦可訓爲大陸。

奔陀浪之爲洲。一如闍婆之爲洲也。夫半島之航行家早至中國。應爲意中必有之事。有若干事實之理由。可爲吾說之憑藉也。

新唐書卷二二二下驃國緬甸傳。曾著錄當時緬甸之諸屬國中。有彌臣一國。經余所考訂在祿郭江口者也。又有磚羅婆提一國，似卽西域記卷十室利差呾羅 Çriksetra 緬甸之東伊賞那補羅 Içanapura 柬埔寨之西之墮羅鉢底 Dvaravati 國。亦爲南海寄歸內法傳卷一之杜和鉢底國。舊唐書卷一九七謂此國與水眞臘接界。則此國在湄南 Menam 江流域。新唐書又云「繇彌臣至坤朗。又有小崑崙部王名茫悉越。俗與彌臣同。繇坤朗至祿羽。有大崑崙王國。王名思利泊婆難多珊那 çribhavananda ana?。川原大於彌臣。繇崑崙小王所居半日行至磨地勃 Martaban? 柵。海行五月至佛代國。有江支流三百六十。其王名思利些彌他 çriçamitra。有川名思利毗離芮。土多異香。北有市。諸國估舶所湊。越海卽闍婆也。十五日行踰二大山。一曰正迷。一曰射𨀁。有國其王名思利摩訶羅闍 Çrimahārāja 俗與佛代同。經多茸補邏川。按其對音似爲 Tanjong pura. 此言岬城.是爲馬來地域習用之名稱.因此頗難考訂其方位.今日蘇門答剌島有一Tanjong pura. 乃Langkakak蘇丹 Sultanat之首府.此名在古爪哇詩經所列舉之滿者伯夷Majapahit屬國中.又爲勃泥 Borneo 洲之通名.其在諸蕃志卷上中之對音.作丹戎武囉及丹重布囉.余

（對於唐代之多茸補邏。實無何種考訂可以提出。）至闍婆。八日行至婆賄伽盧國。土熱。衢路植椰子檳榔。仰不見日。王居以金爲甓。廚覆銀瓦。爨香木。堂飾明珠。有二池。以金爲隄。舟檝皆飾金寶。」

右文之闍婆。若洵爲唐代其他史文所誌之訶陵。則必爲今之爪哇 Java。蓋除其所言之壯麗。祇宜於大食人所言之 Zabedj 皇帝一證外。卽如婆賄伽盧之城名。亦可證之。新唐書卷二二二下訶陵傳曰。「王居闍婆城。其祖吉延東遷於婆露伽斯城。」茲二城名雖異。其一名經緬甸南詔之重譯。其一名直接來自南海。余以爲闍婆八日行至之婆賄伽盧應爲訶陵王祖東遷之婆露伽斯。若以驃國傳之闍婆。卽爲新唐書別有傳之訶陵或闍婆。若以余考訂闍婆卽爪哇之說爲是。則從緬甸南方之彌臣國起點之行程方向。大致可考。雖不顧磨地勃爲今 Martaban 之假定。亦應位置崑崙國於怒江 Salouen 之口附近。是亦蠻書卷十一之文推究之結果。其文曰。「崑崙國正北去蠻界西洱河八十一日程。出青木香。」（按青木香卽佛經中之矩瑟茶 Kustha 可參考法苑珠林卷三六）按此蠻界乃指南詔之大理一帶。又卷六曰。「西南至龍河。又南與青木香山路直南至崑崙國矣。」又卷七曰。「青木香永昌出。其山多青木香。山在永昌南三日程。」按崑崙國亦出此物。已見前文也。蠻書卷十又誌有南詔與崑崙國之戰事云。「蠻賊曾將軍馬攻之。被崑崙國開路放進。後鑿其路。通江決水淹浸。進退無計。餓死者萬餘。不死者崑崙去其右腕放回。」

然則居住怒江江口者爲何種民族歟。余以其必爲 Tenasserim 無疑。緣其爲較特別的猛 Môn 種國家也。此種今日漸爲緬人驅出白古 Pégou 之外。未流徙於暹羅者。人口聚合頗爲稠密。則處東亞貿易假道 Kra 之時。此地峽之猛種首至交廣。由是以其崑崙之名代表其他崑崙諸國。質言之。越南半島南部與夫馬來半島是已。

不幸此說有一極大漏點。幾乎將其打消。吾人位置崑崙於 Tenasserim。乃考義淨所舉印度以東崇信三寶之地。有室利察呾羅(緬甸)東南。及杜和鉢底(湄南江流域)之西之郎迦戍國。根據此文與其他諸文。亦使吾人求此國於 Tenasserim。然則義淨既已名之曰郎迦戍。緣何又將其列於諸洲之中而名之曰「掘倫」耶。余對於此說無滿足之答復。謂義淨未親至崑崙國。而將爪哇東之崑崙國與其所稱爲郎迦戍之 Tenasserim 之崑崙國混而爲一。而以彼一國之名爲此一國之名歟。其極堪注意者。義淨不知有蠻書與唐書驃國傳之崑崙國。而茲二書亦不知有郎迦戍也。此一解說余亦知其薄弱。然於下列三種解說。必須取其一也。或者崑崙卽指 Poulo Condore。此雖非唐時之譯名。然義淨不用先例之例亦復甚夥。加之此島實爲馬來地域最前之一島。而又非重要島嶼。至義淨不用習見之譯名者。大致欲其與土名相合歟。此說非也。蓋若此處之崑崙所指者爲 Poulo Condore。則唐書與賈耽之譯寫地名之殊異。將無從解說矣。或者此崑崙之名在義淨撰述中乃指一未識之地。亦得爲宋史所誌距闍婆（爪哇）東十五日程之國。而使越南半島南部及南海羣島總名崑崙者。卽爲此國歟。此說亦非。吾不信中國與南海之貿易由一不知名之國爲居間人。而此國乃遠在爪哇之東也。或者承認義淨之掘倫所指者非 Poulo Condore 而爲南海之一島。或卽宋史所誌之崑崙。則將假定義淨明知崑崙爲一別國。而在其成爲通號以前。以之爲 Tenasserim。然既名 Tenasserim 爲郎迦戍。則誤以崑崙通號之起源。適於其所知之惟一崑崙質言之南海中之掘倫或骨崙也。

其可以補充此第三說者。尙有旁證可引。五世紀末年或六世紀初年竺芝撰扶南記。（水經注卷三六）謂頓遜（在馬來半島）昔號崑崙。新唐書卷二二二下扶南傳云。王姓古龍。又盤盤傳所誌四大臣之名。其三名皆以崑崙二字爲首。並云「亦曰古龍。古龍者。崑崙聲近耳。」根據此種記載。似可謂崑崙國卽國王大臣以古龍或崑崙爲名之國。顧崑崙爲習見之名稱。則與其謂崑崙訛爲古龍。勿寧謂古龍訛爲崑崙也。就地理方面言。又據種族方面言。扶南可當今之柬埔寨。至若盤盤。亦易考訂其方位。史文云。與狼牙修接。其東南有哥羅。北距環王。限少海。按狼牙修余將考訂其爲 Tenasserim。而哥羅應是 Kedah。由是盤盤應在馬來半島之中。北距 Tenasserim。南距 Kedah。其少海乃暹羅灣。其國應在Bandon或 Ligor 一帶。則四世紀末年或五世紀初年扶南國人迎天竺婆羅門憍陳如 Kaundinya 於盤盤而立之爲王之事。乃可解也」由是觀之。蠻書及新唐書驃國傳之崑崙國應位之於Tenasserim。而此地東方及南方有古龍或崑崙官號之存在。業經史籍證明。此號之原名在古吉蔑語中作 kurun。此言國王或攝政王。或亦爲占波語中所具有。今尚存爲柬埔寨及暹羅國王之 krun 也。一六七三年入貢中國之暹羅王號中尚見古龍二字。（一八二二年本廣東通志卷三三〇）顧盤盤國大臣既有崑崙之名。而Tenasserim 既可當崑崙之國。昔亦有此 krun 官號之存在歟。現在 Tenasserim 之語言。或亦古盤盤之語言。爲猛 Môn 語。然在現今刊行之簡陋詞典之中。尚未發現 krun 官號。然不能遽謂猛人今不知之。亦不能謂其昔不知之也。猛地今已大爲減削。然考猛語之詞典文法。與吉蔑語有密切之關係。茲二種族之分離。必在有史時代。昔日扶南強盛之時。其領地能自蘭滄江口達於榜葛剌 Bengale 灣者。必因在此廣大領土之中。無有外族阻其發展。似至暹人抵於湄南江下流之時。始將其隔爲兩段。此歹 Thai 種南下之事。時代較晚。蓋暹文不能上溯至十三世紀以前也。杜和鉢底 Dvaravati 非猛種之國。卽屬吉蔑種之國。則中國著作中捲髮黑身之崑崙。余以爲在此猛吉蔑種族團體之內。而尤特以其爲馬來半島中之猛種也。海語中著錄有十六世紀之嶇龍·祇知其地在南海·此外尙有宋時始有其名之崑崙奴·疑指馬來人外捲髮之黑人·又如唐時之僧祇奴·淺與崑崙奴同·又考嶺外代答卷三及諸蕃志卷上之崑崙層期·則指非洲東岸之黑人也·

二七　羅越及丹眉流

吾人前此已見從軍突弄山又五日行至滿剌加海峽。此峽蕃人謂之質。此字無法求其原名。峽南北百里。北岸則羅越國。南岸則佛逝國。此羅越國不見他書。曾於前此研究之陸道最後一程見之。據云「水眞臘又南至小海。其南羅越國。」又新唐書卷二二二下單單國傳後云「羅越者。北距海五千里。西南哥谷羅。商賈往來所湊集。與墮羅鉢底同。歲乘舶至廣州。州必以聞。」宋史卷四八九丹眉流傳云。「南至羅越水路十五程。」

賈耽路程供給吾人一種明確之指定。羅越之北境不問其止於何處。當時必包含今之柔佛Johore。新唐書「北距海五千里」之文似乎不經。殆誤五十作五千也。然若以羅越距海五十里則應顧及「哥谷羅商賈往來所湊集」一語。此語祇能適用於海港。第觀中國史文似不易作此解釋。並此哥谷羅之方位亦不明確。吾人後此別有說。惟觀「俗與墮羅鉢底同」一語。僅能使吾人求羅越於馬來半島之中。緣半島曾爲猛吉蔑 Môn-Khmer 種族所完全占領者也。此外尚有宋史之指示。然又繫於丹眉流之方位。此丹眉流似爲嶺外代答卷二諸蕃志卷上及宋史同卷別見之登流眉文獻通考卷三三二之記載與宋史同。惟訛其名爲州眉流耳。

宋史誌有丹眉流一〇〇一年之貢使一次。其關係此國之記載。或者基於是時。其述此國之方位曰。「丹眉流國東至占臘五十程。南至羅越水路十五程。西至西天三十五程。北至程良六十程。東北至羅斛二十五程。南至闍婆四十五程。西南至程若十五程。西北至洛華二十五程。東北至廣州三十五程。」除闍現在尚無充分考訂之地名外。占臘即柬埔寨。羅越應指馬來半島南部。西天應指印度。至若闍婆余以爲應在爪哇。其理由後別有說。復次羅斛應指湄南江下流一帶。則丹眉流國余擬位之於 Sri Dhammaraja 別言之 Ligor 是已。按 ligor 或 lakhon. 乃梵文 nagara 之變。其正式名稱根據碑文。則爲 Muong Nakhon Si Thamarat. 卽梵文之 Çri Dharmaraja 此言法王城也。此地之西確爲印度。其南及東南爲半島之南端。其南及東南爲爪哇。其東爲東埔寨。而湄南江下流卽在其北。並稍偏東北也。

二八　暹及羅斛

吾人以爲羅越在馬來半島南部。丹眉流在 Ligor。羅斛在湄南江下流之說。非盡人承認之說也。此項問題曾因馬可波羅行紀中之 Locac 而提起。行紀云過崑崙山 Poulo Condore 五百海里至 Locac。又行五百海里至 Bentam 島。此島卽海峽入口之萬丹 Bintang。今人之說皆一致也。玉耳 Yule 以爲根據此種距離應求 Locac 於 Ligor。此 Ligor 曾隸暹羅。蓋卽羅斛或亦爲省稱之羅國。其地見有老撾人之名。故馬可波羅名之曰 Locac。此一說也。飛里卜斯 Phillips 君以爲應求 Locac 於 Ligor 或 Lakhon 名稱之中。此君又完全承認玉耳之說。而將 Locac 位置於暹羅。尤應位置於羅斛。並云唐時羅斛似名羅越。當時似在馬來半島東岸。而其領地抵於星加波 Singapour 海峽。今之柔佛 Johore 區域。此又一說也。哲利尼 Gerini 君以爲羅斛即在暹羅。然以丹眉流位置於祿郭江口之西。Negrais 岬一帶之 Bassein 區。及 Diamond Island 島。最後史萊格 Schlegel 之說。則以羅越必爲暹羅語之 Lavak 而即 Pallegoix 謂爲柬埔寨之一古城之名。並引一故暹羅王之語爲證。至若丹眉流則在距 Ayuthia 十五程之湄南江上流尋之。並以羅斛爲暹羅之一屬國。而不言其方位。

此種考據。愈使暹羅發源問題模糊不明。吾人前此已言羅斛國名初見宋史之時。曾謂其國距丹眉流東北二十五程。諸蕃志在十三世紀中。曾列羅斛國於柬埔寨屬國之內。宋末迄於元時。後日之暹羅先曾分爲兩國。其一名曰暹國。土磽确。其一名曰羅斛。土平衍。（明一統志卷九十）二國在十三世紀末二十五年及十四世紀初二十五年間。遣使入貢中國。（見後）其後之史文則謂「至正（一三四一至一三六八）間。暹始降於羅斛。因合爲暹羅國。」（明一統志卷九下．元史類編卷四二．明史卷三二四．明會典卷一〇五．）

觀此二國之地勢。可使吾人求其一國於湄南江上流。一國於湄南江下流。茲二國名吾人即於柬埔寨碑文之中見之。然其非首先著錄暹羅之名者也。蓋當十一世紀時。次在一一九〇年。次在一二〇七年。次在一二三三年諸年中。占波碑文於列舉中國安南柬埔寨緬甸等種奴婢之外。並列有暹 Syam 奴也。惟此列舉僅知有暹人之存在而已。柬埔寨古都 Angkor Vat 西南廊下之石刻。復從而補充之。其文曰「Vrah Kamraten an çri Jaya Simha Varman 在森林中統率羅 Lvo 人軍衆」別有二石刻則名頭盔兵器與柬埔寨軍人不同之戰士曰 Syam Kut。此種石刻似爲十二世紀之物。關於羅 Lvo 之方位。有一暹羅 Lopburi 城之斷碑可考。其中卽有 Lvo 國之名。艾莫涅君謂此碑之文字最晚不出十世紀末年。此 Lvo 國似卽 Lopburi 城。此城暹羅語之舊名爲 Lavo。昔之傳教師寫作 Louvo。而謂其爲 Ayuthia 之暹羅諸王夏居之城。綜合上引諸證。皆能相符也。

茲再就玉耳、飛里卜斯、哲利尼、史萊格諸氏所持羅越、丹眉流、Locac 羅斛之說審之。以辨其中之是非。玉耳在馬可波羅行紀第一版中。以爲 Locac 或在 Lavo (Lopburi)。或爲後來史萊格主張之 Lawek。嗣後放棄此說。而以 Locac 當羅越。並謂見有老撾人之名。乃此老撾人實與此問題無涉。余不知玉耳何以使之下遷於暹羅灣沿岸。所不應忘者。馬可波羅似指 Ligor 之 Locac。不論其爲羅斛與否。終不能使羅斛與 Lvo 或 Lavo 分離也。至若羅越。不能與羅斛同在一地。蓋宋史謂丹眉流東北至羅斛二十五程。南至羅越水路十五程也。哲利尼君因丹眉流與 Ptolémée 地誌 Temala 之音相近。乃位之於 Bassein。然既以丹眉流在 Negrais 岬方面。則又不應位置羅斛於 Lopburi。蓋不能再位置羅越於 Lopburi 之南。柬埔寨於其東。Lopburi 於其東北也。所餘者。尙有史萊格之說。其說不特武斷。而且以羅越之對音作 Lawek 尤爲不確。蓋越字昔有齒音收聲。而此處之喉音僅因考訂之需要而加入也。其說以爲此 Lawek 根據 Pallegoix 之說爲柬埔寨之古城。根據故暹羅王之語。又爲 Ayuthia 之古稱。卽爲羅越毫無疑義云云。其誤會誠不可解。蓋 Lawek 或 Lovek 固爲柬埔寨一古城之名。其遺址在 Oudong 之北。而在十五世紀時。曾繼 Angkor 及 Babaur 之後而爲柬埔寨之都城者也。按十三世紀時之柬埔寨都城確爲 Angkor 無疑。乃十三世紀上半葉撰之諸蕃志。謂其都城名祿兀。其對音頗與 Lovek 相類。但此城之建爲都城。乃在十五世紀時。余以諸蕃志必有竄入之文。蓋今本諸蕃志爲永樂大典本。迄於十八世紀時尙爲鈔本也。然則此在蘭滄江流域柬埔寨之 Lawek。不能爲湄南江下流故暹羅王所言之 Lawek 也。又況此暹羅之 Lawek

尙有疑義。根據暹羅之傳說。其都城 Ayuthia 建於一三五〇年。艾莫涅君尙以其較晚百年。以前毫無有一重要城聚之痕跡也。又按 Ayuthia 在 Lopburi 之南不遠。而此 Lopburi 似爲古之 Lvo 或 Lavo。故暹羅王之語似有誤解。總之考訂羅越爲 Lawek 者。祇有史萊格之說。而此說業經一切已知之事實所反證。吾人暫時祇應將羅越位置於馬來半島之中。以羅斛當 Lopburi 而以暹國在湄南江上流也。

然則謂此種解釋毫無可駁之點歟。非然也。其所引起之駁論且甚重大。今日確然無疑者。羅斛亦卽碑文之 Lvo。久入東埔寨之版圖。其中當有東埔寨人不少。夫眞正歹 Thai 種國家。應是暹國。應是十二世紀時半野蠻之 Syam Kut。則因侵略下湄南江流域而建立暹羅帝國者。應爲此 Syma Kut。蓋根據碑文。暹羅帝國建設以後。其都城不在羅斛。別言之不在 Lopburi。而遠在其北之速古臺 Sukhotai。也再就暹羅斛或暹羅之名稱言之。皆以暹字居首。似占優勢者爲暹種。乃中國史文明言「暹始降於羅斛。」明一統志卷九十或言「其後羅斛強併有暹地。」明史卷三二四兩地始合爲一國。中國史文皆謂暹羅之統一在一三四一年至一三六八年之間。歐洲人大致皆增益下說。謂一三七一年暹羅曾用暹羅斛之名初次遣使中國。至若暹羅之名。則始見於一四〇三年。此種史料頗與暹羅紀年不符。夫暹羅紀年固不甚可靠。然中國史文似亦爲 Rama Kamheng 之碑文所反證。根據此碑。十三世紀末年時速古臺之暹羅帝國疆土自蘭滄江上之萬象 Vieng-chan。抵馬來半島中之 Ligor。艾莫涅君不顧此種難題。而以暹羅斛之合併。乃爲速古臺王 Rama Kamheng 之事業。由是吾人應以中國史籍所載之事爲不足論。抑有法使之與碑文及傳說相調和歟。此吾人將爲尋究者也。」

二九　元史中之暹羅斛

欲求討論之根據。余以爲應將元史中關於暹羅斛之記載完全裒輯。用見已輯材料所缺甚多。茲將元史之文臚列如下。

(一)卷十二至元十九年（一二八二年）六月己亥。命何子志爲管軍萬戶。使暹國。

(二)元史卷二百一十至元十九年（一二八二年）十月。萬戶何子志千戶皇甫傑使暹國。宣慰使尤永賢伊蘭等使馬八兒 Maabar 國。舟經占城。Champa 皆被執。故遣兵征之。……二十年（一二八三年）正月。（占城國主）又殺何子志皇甫傑等百餘人。

（三）卷十五。至元二十六年（一二八九年）十月辛丑。羅斛二女人國遣使來貢方物。

（四）卷十六至元二十八年（一二九一年）十月癸未。羅斛國王遣使上表。以金書字。仍貢黃金象齒丹頂鶴五色鸚鵡翠毛犀角篤縟龍腦等物。

（五）卷十七至元二十九年（一二九二年）十月甲辰。廣東道宣慰司遣人以暹國主所上金冊詣京師。

（六）卷十七。至元三十年（一二九三年）四月甲寅。詔遣使招諭暹國。

（七）卷十八至元三十一年（一二九四年）七月甲戌。詔招諭暹國王敢木丁來朝。或有故。則令其子弟及陪臣入質。

（八）卷二一〇。暹國當成宗元貞元年（一二九五年）進金字表。欲朝廷遣使至其國。比其表至。已先遣使。蓋彼未之知也。賜來使素金符佩之。使急追詔使同往。以暹人與麻里予兒。（殆即馬可波羅行紀之 Malaiur）舊相讎殺。至是皆歸順。有旨諭暹人勿傷麻里予兒。以踐爾言。

（九）卷十九。元貞二年一二九六年十二月癸亥。賜金齒郎馬可波羅行紀之Zardandan羅斛來朝人衣。

（十）卷十九。大德元年一二九七年四月壬寅。賜暹國羅斛來朝者衣服有差。

（十一）卷二十。大德三年一二九九年春正月癸未朔。暹番沒剌由應即前之麻里予兒羅斛諸國各以方物來貢。賜暹番世子虎符。

（十二）卷二一〇。大德三年。一二九九年暹國主上言其父在位時。朝廷常賜鞍轡白馬。及金縷衣。乞循舊例以賜。帝以丞相完澤答剌罕按完澤元史卷一百三十有傳。答剌罕爲Tarkan之譯音。亦唐時突厥官號之達干也。言彼小國而賜以馬。恐其隣忻都印度猜議。朝廷仍賜金縷衣。不賜以馬。

（十三）卷二十。大德四年一三〇〇年六月甲子。爪哇暹國蘸八按元史中之占波常作占城或占八。此名疑亦指占城。等國二十二人來朝。賜衣遣之。

（十四）卷二十五。延祐元年一三一四年二月癸卯。暹國王遣其臣愛耽入貢。

（十五）卷二十六。延祐六年一三一九年正月丁巳朔。暹國遣使奉表來貢方物。

（十六）卷二十八。至治三年一三二三年春正月癸巳朔。暹國及八番按元史本紀常見八番一名。其國應在雲南。洞蠻酋長各遣使來貢。

三十　中國載籍與暹羅紀年

余在搜集此類元史記載以前。見元史之記載。或以使臣來自暹國。或以使臣來自羅斛。頗疑其皆爲速古臺王朝之遺使。按此速古臺一名。似已見元史卷二十·一二九九年五月丙申·「海南速古臺速龍探奔奚里諸蕃以虎象及桫羅木舟來貢」一文之中。然於其餘諸名未能還原以前。未敢斷其必是也。然在今日似不能主張此說。暹國應爲定都速古臺之上邦。緣其國在羅斛之北。景邁 Xieng-mai 之南。當時景邁與其北方之歹種諸國皆臣屬中國。景邁一地中國史籍亦名八百媳婦。而據十三世紀末年 Rama Kamheng 之碑文。暹羅霸權時在速古臺也。但據元史暹國與羅斛並遣使之記載。足證 Rama Kamheng 在位之年以後。暹國以外尚有一暹國之屬國遣使中國也。

元史之記載。於速古臺諸王之歷史亦頗有關係。今日研究暹羅古史者。所本之主要暹羅史書。卽爲北方紀年及阿踰陀 Ayuthia 紀年。顧此類史書不甚可信。然其中所誌一三五〇年定都阿踰陀之事。則爲事實。吾人既已考訂暹國在速古臺。羅國在湄南江下流之羅城 Lopburi。顧暹羅紀年所誌一三五〇年所建之新都阿踰陀。即在羅城之南。則得謂羅斛屬國至是執有其舊日上邦暹國之霸權矣。然此種假定亦可非駁。

中國史文既云暹國降於羅斛。然則可以在一三七〇年仍名之曰暹羅斛。在一四〇三年仍名之曰暹羅。而仍以降國之名首列耶。吾人應注意者。暹羅一名較古。一三七六年明太祖所賜之印。即曰「暹羅國王之印。」（明史卷三二四）十四世紀中汪大淵撰之島夷誌略。即名之曰暹羅。十三世紀末年周達觀撰之眞臘風土記。亦有暹羅之名。殆因此名沿用已久。雖有羅斛稱霸之事。而仍以舊名名之也。

阿踰陀紀年雖不可信。然據中國載籍之證明。其最初二世紀時之王名。亦非純臆造者也。圖書集成邊裔典卷一〇五引廣東通志。（必爲一六八三年本）謂暹羅王名昭祿羣膺哆囉諦剌。一三九五年即位。一四一五年死。一四一六年册封其子三賴波羅摩剌劄的賴爲王。洛斯尼 de Rosny 君已考訂第一王即爲一四〇一年僭位於阿踰陀之 Suphannaburi 王 Intharaxa (Indraraja) 第二王名即其子 Borommaraxathirat (Paramarajadhiraja) 之名。而暹羅紀年謂其在一四一六或一四一八年繼父爲王者也。準是以觀。阿踰陀紀年不盡爲僞造之文矣。

總之吾人暫以中國載籍爲準。暹羅昔有二國。暹國在速古臺一帶。羅斛則在羅城。其初並爲柬埔寨之屬國。至十三世紀後半葉中。暹國獨立。建都於速古臺。後諸屬國仍舊存在。羅斛卽其一國也。至十四世紀中。霸權由暹國移於羅斛。都城由速古臺移於阿踰陀。設以此說爲是。前此考訂乃無難題。蓋暹國旣在速古臺。羅斛旣在羅城 Lopburi。則得以丹眉流位置於 Ligor。而羅越仍在馬來半島南部矣。

三二　訶陵及葉調

賈耽路程謂滿剌加海峽「北岸則羅越國。南岸則佛逝國。」此佛逝國或室利佛逝國。新唐書有傳。並見義淨所撰南海寄歸內法傳及西域求法高僧傳之中。其方位及其勢力中心之確定。余後此別有說。此時僅言其雖不常爲抑不獨爲。或不全爲蘇門答剌島。然在八世紀末年。賈耽路程之中。則必指此島之東岸也。路程云「佛逝國東水行四五日至訶陵國。南中洲之最大者。」此地居蘇門答剌東之訶陵。祇有兩島可以當之。若由海峽逕向東行。則必爲浡泥 Borneo 洲。若沿蘇門答剌向東南行。則必爲爪哇 Java 島。余意以爲訶陵必是爪哇無疑。然欲證明此說。必須重再研究中國爪哇交際問題。緣前人對此頗有誤解也。除去僅見於唐代之訶陵一名外。世人對於闍婆卽爲爪哇之考訂。意見大致一致。此國初次遣使至中國。時在四三三年。當時國名闍婆。至十三世紀下半葉始易其名爲爪哇。乃史萊格之意見則反是。其說以爲訶陵及闍婆應在馬來半島。祇有爪哇可當 Java 而在十三世紀末年忽必烈汗遠征之前。中國與爪哇尙無正式交際。爪哇本部在明代以前（一三六九年前）從未入貢中國云云。洵如是說。則大食旅行家習知之爪哇一名。久不爲中國所知。其理竟無從索解矣。余以爲史萊格之說完全錯誤。茲先尋究關於爪哇之最古中國史文。並暫以劉宋時代之闍婆乃指 Java。而後研究唐代及趙宋時之史文。討論此種解釋。蓋此時代之史文明確。可以保證考訂之是也。

按 Java（強脣音讀）卽土語式之 Java（強顎音讀若 dj.va）。而此土語之名。乃由梵語 Yavadvipa 所轉出。梵語此言粟島也。此 Yavadvipa 一名羅摩延書 Ramayana 中有之。然以二世紀末年 Ptolémée 地誌中之 Iabadiu 爲早見。試考中國古籍此名或者更古。後漢書（二五至二二〇）卷六云。「永建六年（一三十二月。日南徼外葉調國撣國遣使貢獻」註引東觀記曰。「葉調王遣使師會詣闕貢獻。以師會爲漢歸義葉調邑君。賜其君紫綬。」又考前漢書卷一一六云。「順帝永建六年日南徼外葉調王便遣使貢獻。帝賜調便金印紫綬。」按此葉調一名。除此以外不見他書著錄。

按葉字今讀若枼 yĕ 亦偶讀若攝 chö。玆二讀法昔皆有脣音收聲。此葉字在紀元初數世紀中。大致在譯寫迦葉 Kaçyapa 名中見之。又如在伊葉波羅 Içvara 或阿葉波竭那 Açvakarna 等名之中。爲例亦同。六世紀時此字又見於葉護 jabgu 官號之內。核以上引諸例。葉字之音顯有 a 韻母。繼以脣音聲母。至其發音聲母則不甚顯明。其在迦葉 Kaçyapa 譯名之中。可見其發音聲母對 ç。而繼之以半韻母之 v。至在阿葉波 açva 及伊葉波羅 içvara 之中。其發音聲母則僅對一種脣顎音。葉護 jabgu 似有一顎脣發聲。又據別一方面言。中國種種方言葉字之發聲。常爲一種半韻母發聲之 y。則當此種方音構成之時。其習用之發音應如是也。余以爲葉字之有枼攝二音。不因一字兩讀之根本的殊別。然因同字讀法之進化的差異。不幸現在不能上溯種種發音之時代。致難爲確定之說明。今所能言者。在紀元初數世紀中。吾人見有葉字譯寫一種用脣顎音發聲之例耳。此種讀法。頗與葉字攝音之例外讀法相符。設若葉護之葉讀法亦同。則將可還原為 çap 或 jap。（法國語中之j）抑為 jap。（讀若djap）至若習用葉音之 yap。在理論上為可能。然在事實上尚未見其例也。又若調字在調達 Devadatta 譯名之中見之。則其對音為齒音聲母。附以 i 或 e 音韻母。又附以半韻母之脣音。如 tiv 或 tev 及 div 或 dev 是已。

設若在南海之中尋究此葉調等字之譯法。與何種名稱相合。似乎祇有 Yavadvipa 可以當之。而經漢語譯作 Jap-div 者也。其惟一困難。則在發音。蓋 Ptolémée 之 Iabadiu 與夫五世紀初年法顯之耶婆提。似與用半韻母之 y 相對。而尚未變為顎音發生之 j 也。Kern 君以為由 y 變為 j 之轉化。在十三世紀以前尚未有之。但若闍婆確為 Java 如余此後之說明。顧闍音在原則上對 ça 或對 ja。（據余所知從未對ya）則應承認此闍婆名稱出現之時。質言之在五世紀上半葉中。Java 有一顎音發聲之讀法。而在 Yava 及 Java 之間。竟不能有一間接之讀法。如漢書葉調 Jap-div 之對音歟。

三二 諸薄　馬五　馬禮　耶婆提

二四五至二五〇年間朱應康泰之使扶南。是否聞有爪哇。未能斷言。然亦有其可能也。在現存殘本之康泰扶南土俗傳中。屢言有諸薄國。國東有馬五洲。又據外國傳。（見太平御覽卷七八七作五馬）諸薄國女子作白疊華布。更據其他諸文。此國在扶南東界漲海中。漲海即海南島迄滿剌加海峽間中國海之稱。顧爪哇不在扶南（柬埔寨）之東。而在東南也。惟中國史籍所指之方面。無一能絕對不誤者。蓋除爪哇之外。祇能思及浡泥。乃浡泥亦不在扶南之正東也。又據一最晚不過隋時（五八九至六一八）之記載。謂杜薄國在扶南東漲海中。此杜薄國依後此之考訂。祇能視為爪哇。設此杜薄即為爪哇。則應求諸薄國東之馬五洲於今之 Bali。洵如是則應視馬五為馬立或馬里之訛。按新唐書（卷二二二下）婆利亦號馬禮。而吾人將有視此婆利為 Bali 之若干理由也。（此地在十三世紀之諸蕃志卷上中作麻竇及琶離。又在十七世紀卷九中作磨里。別一本作麻里。）余持此說。不能保其必是。蓋諸薄之薄古讀有喉音收聲。亦有反證吾說者在也。

至五世紀時。始見有一確指爪哇之新記錄。見於中國著作之中。按法顯傳。四一四年法顯歸自印度。留耶婆提者數月。此地世人皆視為 Yavadvipa 之對音。則亦無需乎說明矣。

三二　闍婆及訶羅單

數年之後闍婆之名乃見於史書圖書集成邊裔典卷七九考訂闍婆卽爲爪哇。於其爪哇傳中著錄有四三三及四三五年之兩次貢使史萊格君謂此記載有誤以爲第一次貢使不見於宋書第二次貢使非來自闍婆而爲來自闍婆婆達者。茲考宋書本紀。卷五四三三年之貢使。雖未言闍婆國使。然謂「闍婆洲訶羅單國遣使獻方物」也。又考宋書南夷傳。卷七九訶羅單國治闍婆洲。其四三三年貢使。非第一次貢使。當四三〇年時已早「遣使獻金剛指鐶。按此處金剛似爲水晶宋史卷四八九所誌三佛齊國九七四年貢水晶指環一事可以類推。赤鸚鵡鳥天竺國白疊古貝應作吉貝卽梵文之karpasa是已葉波國古貝等物」四三三年後續有四三六年四四九年四五二年之貢使。宋書本紀無三三六年之使。然更有三三四及三三七年之使。南史卷二所誌亦同。設若闍婆卽爲爪哇證以宋書訶或呵羅單國應在爪哇矣。由是與史萊格考訂在 Kelantan 之說不合。顧此考訂亦頗可疑。僅有偕音之可能而已。史萊格以其考訂根據宋書。其說以爲訶羅單傳在林邑扶南二傳之間。又一方面與婆皇婆達闍婆。迦毘黎諸國並列。然應注意者。其視爲 Pahang 之婆皇。尚未能定。迦毘黎爲中國人恆河之別名。非 Kapilavastu 也。闍婆若爲爪哇。列其傳於扶南林邑之間亦屬自然。難者以爲君既以闍婆爲爪哇。何以爪哇有傳。而君以爲地在爪哇之訶羅單又別有傳歟。此蓋史萊格以闍婆婆達爲闍婆之說所致之誤也。隋書卷八二赤土傳謂赤土之南有訶羅旦國。此國應爲宋書之訶羅單。乃有人謂赤土卽是暹羅而地在暹羅之南者。應思及馬來半島。然余以爲赤土不能必爲暹羅。設爲暹羅。其境界頗難索解。其接界之國應有扶南或眞臘之類者。乃東有波羅剌。西有婆羅娑。而此種國名不見他書著錄也。其尤應注意者。赤土北拒大海一語。乃暹羅之北並無大海。縱以赤土卽是暹羅。訶羅旦既在其南則似除爪哇莫屬。舊唐書卷一九七謂訶陵北至眞臘。意亦同也。明一統志卷九〇云。爪哇北抵占城。意亦如此。則不問赤土何在。祇須此國在爪哇之北。卽可位置訶羅旦於爲闍婆洲之爪哇。

四三五年闍婆婆達入貢一事。則較不明。此種國名在正史之中似祇此一見。乃其名尙不確實也。宋書本紀作闍婆娑達。列傳則作闍婆婆達。而在目錄中又作闍婆達。南史目錄及列傳作闍婆達。而在本紀中作闍婆娑達。與宋書同。然南史並將四三三年闍婆之記載變爲闍婆娑洲訶羅單國。設若眞有一國名闍婆達闍婆婆達或闍婆娑達者。余又何言。顧此名祇此一見。又無方位之指定。頗難知何名非誤也。余以爲無論如何不能將闍婆達還原爲 Yavadvipa。蓋達字古讀若tat讀法不容有此也。

按宋書南夷傳中有婆達國。殆因修史者誤合闍婆婆達二國爲一國。然此祇能爲一種假定也。

由是觀之。其在四三三年對於闍婆一名有一確實之記載者厥爲宋書。當時爲構成訶羅單國之一洲。然表示當時中國人卽名其國曰闍婆者。乃爲五一九年刊之高僧傳其卷三求那跋摩 Gunavarman 傳云。求那跋摩。祖父呵梨跋陀 Haribhadra 父僧伽阿難 Sanghananda。罽賓（五世紀時之罽賓尙爲克什米爾 Kaçmira）帝室之胤。早年出家受戒。至年三十。罽賓國王薨。（按求那跋摩歿年六十五歲在四三一年則克什米爾國王歿年約在三九六年矣。）絕無紹嗣。羣臣請其還俗以紹國位。跋摩不納。遁迹人世後到師子國 Ceylan 劫波利村。旋至闍婆國。初未至一日。闍婆王母夜夢見一道士飛舶入國。明旦果是跋摩來至。王母敬以聖禮。從受五戒。母因勸王。王以母勅。卽奉命受戒。隣兵犯境。王恐傷殺有違佛法。問計跋摩。跋摩答曰。暴寇相攻。宜須禦捍。王乃領兵擬之。賊便退散。王恭信稍殷。乃欲出家修道。羣臣勸阻。同發三願。王乃不出家。由是道化之聲播於遐邇。隣國聞風。皆遣使要請。四二四年中國沙門面啓文帝求迎請跋摩。乃遣人往彼祈請。並致書於跋摩及闍婆王婆多伽等。時跋摩先已隨商人竺難提 Nandin 舶。欲向林邑。會値便風。遂至廣州。四三一年。達於建業。數月卽死。春秋六十有五云云。僧傳記載如此。其中眞相。雖因信仰略有變更。然足證闍婆卽是爪哇。在四一四年法顯至耶婆提時。佛法不足言。至跋摩抵其國後。

道化遂大行也。

三四　杜薄及閻摩那

晚至隋時（五八九至六一八）始見有關於一種得爲爪哇之國之記錄。考通典（卷一八八）及太平御覽（卷七八八）杜薄傳。杜薄國隋時聞焉。在扶南東漲海中。直渡海數十日而至其國。女子作白疊華布。杜薄洲有十餘國城皆稱王。此杜薄一名令人思及闍婆。中國載籍杜社二字時常相混。例如闍婆在新唐書中亦曰社婆。乃在文獻通考（卷三三二）及圖書集成邊裔典（卷九七）之中。則作杜婆。即若杜薄在藏經及太平寰宇記（卷一七七）之中亦作社薄。姑不論此國名杜薄抑名社薄。祇能考訂其在浡泥或爪哇也。顧若闍婆。即是爪哇。當然亦將杜薄位置於此島。難者曰。闍婆一名既已在五世紀時有之。而在七八世紀時又經重見。緣何在六世紀時變爲杜薄或社薄歟。或有答者曰。此種新譯名得上溯至於六〇七年常駿出使赤土之時。（按新唐書卷五八著錄赤土國記二卷今佚）而其南海之國名譯寫特異也。然余以爲杜薄一名應早出於隋代之前。通典謂此國隋時聞焉。太平御覽謂其杜薄傳出唐書。然太平御覽之文。新舊唐書皆未見之。觀通典之文。其記載應出隋書。則太平御覽所謂出於唐書。殆爲出於隋書之誤。第考隋書。又無杜薄國傳。此事與邊斗都昆拘利比嵩四國之記載相類。通典亦云此四國並隋書聞焉。太平御覽亦謂事出隋書。然今本隋書。亦無列傳。乃經吾人考證。玆四國三世紀時早已知之。或出於康泰朱應之記載也。可參照余撰之扶南考一文。並檢法苑珠林卷三六。玆考杜薄國名。並見南州異物志。此書設卽萬震之南方異物志。則此國名在三世紀中已聞之矣。余以爲杜薄或社薄卽爲諸薄之別名。而由是便利諸薄爲闍婆亦爲爪哇之考訂。特此假定似無推翻通典及御覽記載之充分的保障。所以余雖主張以其爲三世紀之諸薄。而欲將其位置於爪哇。暫時仍留杜薄傳於傳說之原位也。此處仍應附帶聲明者。杜薄縱是諸薄。然其在爪哇之共同考訂。亦爲薄字之喉音收聲之古讀所妨也。

迨至七世紀唐代之時。記載較爲明確。然在研究正史列傳以前。玆特附帶聲明爪哇之名或者見於玄奘西域記之中。卷十玄奘足跡未至越南半島及馬來羣島。惟在印度聞印度之東有敬奉佛法之印度化之國六。國曰室利差呾羅 Çriksetra 國。曰迦摩浪迦 Kamalanka 國。曰墮羅鉢底 Dvaravati 國。曰伊賞那補羅 Içanapura 國。曰摩訶瞻波 Mahacampa 國。曰閻摩那洲國。此閻摩那祇能爲梵文 Yavana 之譯音。按此 Yavana 在越南半島有之。老撾人及 Younes 人卽爲暹羅人及緬甸人之 Yavana。所以緬甸人以那先比丘經 Milindapanha 之事位置於老撾 Laos。在占波碑文之中。則謂安南人爲 Yavana。第在七世紀時。老撾人毫無政治成績之可言。而交州時爲中國之一州。玄奘必已知之。而且玄奘之閻摩那在占波（卽摩訶瞻波）西南。老撾人則在其西北。而安南人則在其北也。復次玄奘列舉之六國。惟有此國獨有洲名。爪哇之方位雖在占波之南。而不在其西南。余以爲 Yavanadvipa 必爲 Yavadvipa 之訛。而此適用印度名稱敬奉佛法之洲。似除爪哇以外莫屬也。

三五　婆利及丹丹

吾人現在止於賈耽所稱之訶陵。案賈耽謂其爲南中洲之大者。從蘇門答剌島中之佛逝國東水行四五日至其國。此訶陵國新舊唐書皆有傳。舊書（卷一九七）曰「訶陵在南方海中洲上。居東與婆利。西與墮婆登。北與眞臘接。南臨大海」。新書（卷二二二下）曰「訶陵亦曰社婆。曰闍婆。在南海中。東距婆利。西墮婆登。南濱海。北眞臘。」核以新書記載。此地殆卽五世紀之闍婆。亦宋時重見之闍婆矣。其東之婆利。應卽義淨南海寄歸傳中之婆里。似卽今之 Bali 按婆利之名。初見梁書。（五〇二至五五六）未可與通考（卷三三二）之薄利相混。此薄利或爲通典（卷一八八）之薄剌。太平御覽（卷七八八）之薄剌。梁書（卷五四）云。婆利國在廣州東南海中洲上。去廣州二月行。國界東西五十日行。南北二十日行。有一百三十六聚。其國人披吉貝如帊。及爲都縵。王乃用班絲布。頭著金冠。綴以七寶之飾。偏坐金高坐。侍女皆爲金花雜寶之飾。王姓憍陳如 Kaundinya。五一七年遣使貢獻。五二二年復遣使至中國。自言白淨 çuddhodana 王夫人卽其國女。梁書之記載如此。可見其國爲一印度化國。而其文化尚高也。廣州東南絕非 Bali 之方向。而其東西南北之距離亦無從索解。惟應知者。中國史文含有錯誤最多者。卽在斯點。若承認其是。祇有一地與此廣大幅員相合。卽浡泥 Borneo 洲是已。隋書（卷八二）亦有婆利之記載。殆爲六〇七年常駿使赤土國之結果。六一六年婆利曾入貢一次。「自交阯浮海南過赤土丹丹乃至其國。國界東西四月行。南北四十五日行。」世人常以赤土爲暹羅。余前已言赤土北拒大海一語。爲此考訂之一大難關。丹丹不見他書。此國在五二八及五三五年曾入貢二次。（梁書卷五四）設若視其爲唐時之單單。則其國在振州(海南島)東南。多羅磨之西。六六六至六六九年時曾獻方物。(新唐書卷二二二下)此國或者亦爲南海寄歸傳中之咀咀(古讀若 tat-tat)洲。(亦有作旦旦者見後)Bretschneider 因梁書隋書所言婆利國之廣大曾以其地爲浡泥。遂以丹丹爲 Natuna 島。

則據梁隋時之記載若逕在廣州之南求婆利似應主張其爲浡泥。兩唐書(舊書卷一九七新書卷二二二下)並云「婆利袤長數千里。」此種記載固不足使吾人異然別又云訶陵東距婆利乃浡泥實在爪哇之北。稍偏東北也。復次唐書婆利傳又有婆利亦號馬禮之語則似近於 Bali 吾人前此已言十三世紀及十七世紀已有謂 Bali 爲麻篱或麻里者職是之故除以 Bratschneider 所主張婆利爲浡泥之說爲可能外余以爲婆利爲 Bali 之說於兩名之音聲皆符設若訶陵卽爲爪哇此島實在訶陵之西也。

三六　訶陵及僧祇

此訶陵一名唐初二百年間皆適用之。六四〇或六四八年。六六六年。七六七年。七六八年。八一三年。

或八一五年八一八年等年之貢使皆名其國曰訶陵。唐書韋皐傳（舊書卷一四〇，新書卷一五八）皐爲劍南西川節度使。招撫八國其中亦有訶陵之名。（按韋皐與南詔和好以後，驃國入貢，而驃國之屬國中，又有闍婆之名，可以參證。）宋高僧傳謂訶陵一名波淩。不知其何所本。至若訶陵名稱之起源。Mayers 以爲出於 Kalinga。其說以爲此島爲東印度移民繁殖之地。故以開化其地之人母國之名名之。然新唐書亦有其訶陵亦曰社婆曰闍婆之理由也。此闍婆一名吾人已在驃國傳中見之。緬甸人傳此名於中國之時最晚不過九世紀之初。至舊唐書（卷一九六）所誌八二〇年之貢使及册府元龜（卷九七二）所誌八三一年之貢使始不名其國曰訶陵而名之曰闍婆。似存唐代末年重用五世紀之舊名而自此迄於十三世紀末年皆以闍婆名也。

史萊格曾駁訶陵爲爪哇說之非。是其說以爲新唐書訶陵傳誌有八一三年獻僧祇奴一事。又考隋書赤土傳王居僧祇城。僧祇爲梵文 samdhi 之對音。赤土卽暹羅。僧祇奴猶言暹羅奴。則訶陵爲爪哇之說可廢。蓋爪哇人不應貢暹羅之奴也。

按僧祇爲波斯語 Zanggi 之對音。猶言 Zang (Zanguebar) 之人。業經 Groeneveldt 說明。（按僧祇亦作僧耆，見册府元龜卷九七一。又蠻書卷六著錄有僧祇部落，不知何指。）馬來羣島幾盡名黑人爲 Zanggi 或 Janggi。並在八六

○年之一爪哇碑文之上現有Jenggi之名則史萊格之考證誤也。

三七　多摩萇及千支弗

史萊格又引有新唐書一文。（卷二二二下瞻博傳）謂有多摩萇國。「南千支弗北訶陵。」遂以訶陵國或在滿剌加或在星加坡峽北之馬來半島沿岸而主張多摩萇卽爲新加坡至若千支弗爲半支弗之訛應在海峽諸島中求之。（通報第九册）設若瞻博傳中之訶陵卽爲訶陵傳亦號闍婆之訶陵。固難謂其爲爪哇蓋其南不見有多摩萇千支弗等國也。由是應謂此南有多摩萇之第二訶陵在馬來半島歟。就本身言。此事非絕對不可能設若訶陵洵爲 Kalinga 之對音此 Kalinga 在南海中一轉而爲Keling或 Kling 而成馬來羣島暹羅柬埔寨人所稱印度人之通號。又如 Telinga 亦似爲 Kalinga 之變稱。又似爲白古 Pégou 人得楞 Talaing 一名之所自出。（按得楞譯名見讀史方輿紀要卷一一九，其白古譯名則作擺古）復次吾人將言關於表影之觀測。訶陵一名易考其在馬來半島而難考其在爪哇。但余以爲不應作此解釋也。按新唐書之千支弗明誌其「本南天竺屬國。」又見於瞻博 Campa 傳中。余將試爲證明此千支弗爲千支弗之訛。而指南印度昔之建志補羅 Kancipura 今之 Conjeveram。則在此狀況中處多摩萇干支弗北之訶陵。不應求之於爪哇。亦勿須求之於馬來半島。而應求之於印度本地之 Kalinga。卽玄奘西域記之羯餕伽是已。由是觀之此段唐書不足妨礙別一亦號闍婆之訶陵位置於爪哇矣。

其惟一考訂訶陵或闍婆爲爪哇之確實困難。則在新唐書訶陵傳中所誌之表影。據云。訶陵「夏至立八尺表。景在表南二尺四寸。」高楠順次郎曾測算在其北緯六度以外。（見南海寄歸傳譯文。余疑其計算有誤似應爲六度五十八分。）但賈耽路程所誌甚明。訶陵在佛逝之東。而佛逝在滿剌加海峽南岸也。由是頗難位置賈耽之訶陵於新唐書所測表影之處所。然則應承認有兩訶陵歟。吾人應注意者。表影之觀測。卽見於亦號闍婆之訶陵傳中。而此闍婆在晉讀上皆有爲爪哇之可能。所以余擬與 Barth 君爲相同之提議。以夏至爲冬至。而置二尺四寸之表影於表北。則南緯六度餘成爲爪哇北方之一部矣。吾人將來對於蘇門答剌亦有相類之改正。此種改正有其理由歟。祇能設爲假定也。中國人昔在南半球中祇知有馬來羣島而在此諸島之觀測頗稀。顧此處之觀測乃在冬至爲之。而中國人在北半球。則概在夏至爲之。其誤以冬至之觀測爲夏至之觀測。亦意中或有之事也。余之假定如此。然不論其原因爲何。祇有此說可能調和訶陵傳之表影觀測與吾人對於訶陵所得之其他史料也。

三八　宋史闍婆傳之大食

其記述闍婆方位較詳之史文乃爲十四世紀撰之宋史。宋史之文或出前一世紀趙汝适之諸蕃志。茲據宋史（卷四八九）轉錄其文如下。「闍婆國在南海中。其國東至海一月。汎海半月至崑崙國。西至海四十五日。南至海三日。汎海五日至大食國。北至海四日。西北汎海十五日至勃泥（一作浡泥，確指 Borneo，據余所知，此國名最初見於蠻書卷六）國。又十日至三佛齊（似即 Palembang）國。又七日至古邏國。又七日至柴歷亭抵交阯達廣州」。史萊格根據此文以爲闍婆非爪哇。亦非蘇門答剌。而爲馬來半島。然余以爲其說誤也。宋史闍婆傳中固有奇異之記載。按大食大致爲阿剌壁 Arabie 人之稱。史萊格曾引廣東通志與東西洋考之記載。謂亞齊 Atchen 昔名大食。則應分別阿剌壁之大食與蘇門答剌之大食。而宋史闍婆傳中之大食。似爲亞齊人矣。設有古證證明亞齊亦名大食。史萊格之說或可承認。惜無此古證可引。其惟一可爲此說之憑藉者。祇有新唐書訶陵傳之一事。傳云「上元(六七四至六七五)間。國人推女子爲王。號悉莫威令盤肅道不舉遺。大食君聞之。齎金一囊置其郊。行者輒避。如是三年。太子過以足躪金。悉莫怒將斬之。羣臣固請。悉莫曰而罪實本於足可斷趾。羣臣復爲請。乃斬指以徇。大食聞而畏之。不敢加兵」。然此亦不足爲蘇門答剌爲大食之證也。且考新舊唐書大食傳。祇名阿剌璧人曰大食。(舊書卷一九八、新書卷二二一下。通典卷一九三引有杜環經行記可以參照。)則在訶陵傳中之大食不能有其他也。至其所誌之故事。與 Abou Zeid 所述闍婆 Zabedj 王遠征吉蔑 Comar 王之故事相類。亦謂其事爲印度及中國之王所聞。此大王之聲威遂長。亦「聞而畏之不敢加兵」之意也。

至在宋史闍婆傳中之大食。亦如唐代之大食。仍指阿剌璧人。觀其大食列傳(卷四九〇)之長可以證之。諸蕃志(卷上)之大食國。亦指阿剌璧人。惟至明代始不知大食之名何指。而將其位置於蘇門答剌。廣東通志與東西洋考皆爲十七世紀之撰述。縱在其二百年前有同一之指定。吾人亦不應忘明代之地理家。曾將馬來半島之狠牙修位置於錫蘭 Ceylan 島也。其說之價値。與明史蘇門答剌傳(卷三二五)中所謂蘇門答剌「或言卽漢條枝 Chaldée 唐波斯 Perse 大食 Arabie 二國地」之說相等。總之。

設無宋時亞齊亦名大食之確證。余仍信宋史闍婆傳中之大食。在原則上仍指阿剌壁人。至其南方汎海五日至大食一語頗不可解。蓋爪哇之南祇有海洋。欲圓此說勢必改南方爲西方而數倍其五日之行程。余對此語實無法解說也。

三九　柴歷亭　沒爹蝦羅　崑燉盧林　穆囉茶　夏至馬羅夜　莆家龍　大闍婆

宋史闍婆傳所誌其後之行程。祇有部份可解。傳謂三佛齊七日至古邏國。史萊格以爲古邏卽是滿剌加。然余以爲尙應在其北。後此別有說。此處所應知者。據其他諸記載古邏在印度赴中國之途中。必在三佛齊之前也。「古邏國又七日至柴歷亭」此柴歷亭不知爲何地。疑卽諸蕃志之日羅亭或日囉亭。此後雖云「抵交趾達廣州」然有助於吾人之考訂也甚少。

宋史闍婆傳所載其國「方言謂眞珠爲沒爹蝦羅。謂牙爲家囉。謂香爲崑燉盧林。（通考作麻）諸犀爲低密。」諸名之中僅確知沒爹蝦羅爲 mutihara 或 mutyara 之對音。此字發源於印度。在馬來及爪哇語中皆訓眞珠。家囉一名。史萊格以爲卽梵文之 kara。此言「手」及「象鼻」。恐不然也。（余曾思及佛經中之伽那一名，但此名乃那伽之訛，即梵文 naga 之對音，此言龍或象。崑墩盧林之崑墩，疑爲阿剌壁語之 kundur 其意即言「香」若取通考之譯名，似可還原爲 kundur rûm 低密與神話中大魚 timi 之音相類，然非犀也。

宋史闍婆傳九九三年入貢之王穆囉茶，曾經 Groeneveldt 還原爲 maharaja 此言大王，乃王號而非王名。傳又云「其國王一號曰夏至馬羅夜」，亦經此君還原爲 haji maharaja。上一字此言君主，馬來語中固有此號。然在中國載籍之中，似爲爪哇與其屬國三佛齊 Palembang 諸王之特稱。後一名即穆囉茶之同名異譯。新唐書驃國傳之摩羅惹亦同。夜字在原則上對 ya，然耶字亦有用之者。如元史卷二一〇之占把地囉耶，原文爲 Campadhiraja 此言「占波之王」者是已。

設有再疑闍婆非爪哇者，取諸蕃志闍婆國傳檢之可矣。傳曰「闍婆國又名莆家龍」，此莆家龍即爪哇北岸之 Pekalongan 足證闍婆即爲爪哇無疑。諸蕃志此語本於一一七八年刊之嶺外代答。嶺外代答曾謂闍婆及東方諸國大食 Arabie 故臨 Coilam 及其他西方諸國，皆經三佛齊諸屬。又云「三佛齊者諸國海道往來之要衝也。三佛齊之來也正北行，舟歷上下竺 Pulau Aor 乃至中國之境。……闍婆之來也稍西北行，再過十二子石。武備祕書附圖作十二子山，而位置於假里馬達 Karimata 與萬年 Borneo 之間，似乎過於偏

東

而與三佛齊海道合於竺嶼應即上文之上下竺之下。大食國之來也。以小舟運而南行。至故臨國易大舟而東行。至三佛齊國。乃復如三佛齊之入中國。」根據此文。闍婆明在三佛齊 Palembang 之東也。吾人闍婆即是爪哇之考訂。固有確證可持。然由爪哇一名所提出之一切問題。不能皆謂解決也。爪哇一名曾經適用於蘇門答剌。亦可在一定場合中適用於馬來半島。有一中國晚見之史文。譯者按原文未註出處疑出廣東通志。謂滿剌加一號大闍婆。明史卷三二四於用爪哇或爪哇名稱之時。亦誌有闍婆入貢一次。此種混解又於蘇門答剌 Sumatra 之 Samudra 國名見之。既名之曰蘇門答剌。又名之曰須文達那。也此處爪哇闍婆之混解始於元時。元史卷十卷十一卷十二卷十七。或名之爲闍婆。或名之曰爪哇瓜哇。此 Java 一名似在蘭滄江上流已見有之。又據占波之一碑銘有一與 Yavadvipa 有別之 Java 國。又如安南人之 Che-va 柬埔寨人之 Chva 在事實上乃指馬來人。將來或有解決此種難題之關鍵。闍婆一名或如 Java 偶而濫用。然根本不認闍婆爲爪哇。是無異否認眞相也。

四十　佛逝及末羅遊

賈耽路程未至昔之訶陵或闍婆。抑今之爪哇以前。海峽南岸有國名曰佛逝。設若僅據此文。任何人皆必位置此國於蘇門答剌東岸。其地顯然包括此島東岸。或者並同時包括別所。此吾人現行研究之問題也。

佛逝亦名佛誓。並作室利佛逝。或尸利佛誓。（關於此種種名稱。可參考大唐西域求法高僧傳。南海寄歸內法傳。新唐書卷二二二下。及後引冊府元龜諸文。）其最初將此名還原爲 Çribhoja 者。似爲日玉連 Stanislas Julien。當一八八三至一八八六年間。李特 Van Der Lith 刊行印度珍異記時。於說明 Zabedj 之屬國 Seboza 國一條中。曾言 Groeneveldt 已將此名（當時讀作 Sarbaze）與十世紀至十五世紀中國載籍所言蘇門答剌之三佛齊一名相比較。顧此三佛齊國大致位置於巴林馮 Palembang 也。同時比耳 Beal 神甫曾以義淨撰述中所誌七世紀末及八世紀初年佛逝或室利佛逝種種名稱之記錄。供給於李特。義淨兩誌末羅遊洲即今尸利佛逝國。乃考十三世紀末年馬可波羅行紀。亦著錄有一 Malaiur 國名。此國玉耳 Yule 以爲似在巴林馮。比耳則以爲義淨之末羅遊即馬可波羅之 Malaiur 確然無疑。則即今之巴林馮矣。顧末羅遊既爲室利佛逝。而在巴林馮又有國曰三佛齊。則此室利佛逝與三佛齊二名似有相連之關係。所以比耳主張三佛齊之對音爲 Sambhoja。至若 Sarbaza (Serboza) 比耳雖未明言。然信其爲室利佛逝之同名異稱。義淨又謂在末羅遊之西有婆魯師洲。比耳引證若干名蘇門答剌西部曰波斯之史文。以爲應求此婆魯師或波斯於馬可波羅之 Basma。馬來人之 Pasei。葡萄牙人之 Basem 等名之中。西域求法高僧傳玄逵傳有從末羅瑜（卽末羅遊）轉向羯茶之行程。比耳以此羯茶卽爲今人熟知之 Kedah。

一八九四年沙畹君刊布其大唐西域求法高僧傳箋註之時。自亦不免研究此室利佛逝問題。彼當時未見印度珍異記。不知有比耳之說。乃謂「義淨於中國赴印度之行程中兩言經過室利佛逝。然後至末羅遊。顧此末羅遊似爲馬可波羅之 Malaiur。則爲近代之巴林馮。參考 d'Albuquerque 所撰疏證。曾謂爪哇人名其地曰 Malapo。由是室利佛逝在中國赴印度之途中應在巴林馮之前。質言之完全在蘇門答剌之南。」又於附註中謂義淨兩言末羅遊改爲室利佛逝。「則室利佛逝國已成一種強大帝國。因名稱之相類。遂使吾人考訂其卽爲九世紀下半葉大食旅行家所言之著名 Zabedj 帝國。」沙畹君復云。此一假說由義淨兩言金洲之事可以證之。蓋 Albiruni 曾云 Zabedj 本國諸島卽印度著作家所稱之金洲 Suvarnadvipa。至對於室利佛逝西方之婆魯師洲。沙畹君曾引新唐書室利佛逝傳云。「以二國分總。西曰郎婆露斯。」此室利佛逝與婆魯斯二國。在日玉連之西域記譯文第三册所附之中文地圖中。並在一島之上。婆魯師得爲馬可波羅之 Ferlec。質言之 Parlak 國。今日土人尚保存其名。而稱 Diamond Point 爲 Cap Parlak 也。至若羯茶。不應求之於 Kedah。而應求之於蘇門答剌西北端。亞齊 Atchen 一帶。沙畹君於其書印刷之時。始見比耳之文。乃於增補之文中。謂末羅遊不能同爲室利佛逝。如比耳所持之說。蓋義淨曾兩誌從室利佛逝至末羅遊之行程也。然在增補之文中。未言 Serboza。亦未涉及三佛齊。

沙畹君之譯述甫經刊布。高楠順次郎即於一八九五年將義淨之南海寄歸內法傳譯出。彼亦如 Groeneveldt 君。承認三佛齊即是巴林馮。又謂大食人之 Serboza 亦在斯處。並採比耳之說。以室利佛逝及三佛齊同爲一地。夫既以室利佛逝爲巴林馮。則不能位置末羅遊於其地。蓋義淨已兩誌室利佛逝至末羅遊之行程。如沙畹君之所說矣。高楠答謂馬可波羅之 Malaiur 考訂不實。高楠雖未言及 Malapo 一名。然爲默示之駁論。而謂 Barros 曾云 Tanamalayu 爲巴林馮之一別國。由是高楠以室利佛逝位置於巴林馮。而將末羅遊移於其西。似在 Syak 河流一代。並採沙畹之說。

以爲羯荼應在亞齊方面尋之。

史萊格於一九〇一年時（通報二類二册）重提同一問題。承認室利佛逝在巴林馮之考訂。至若末羅遊。則將其位置於 Asahan 而仍以比耳羯荼爲 Kedah 之說爲是。

巴爾特 Barth 君於其間。在學者雜志之中刊布「中國巡禮家義淨」一文。討論沙畹及高楠順次郎之譯述。不信有位置末羅遊 Malayu 或 Malaiur 於巴林馮之確定的理由。然以其距離不遠。顧自蘇門答剌沿岸至巴林馮南方。無義淨所計自室利佛逝赴末羅遊十五日之行程。巴爾特君乃疑室利佛逝都城是否應在爪哇尋之。沙畹君在其「中國之旅行家」一文中。拋棄其位置室利佛逝於 Lampong 之主張。而以爲室利佛逝之中心似在爪哇。不幸此文太短。未能申述其理由。吾人行將說明此室利佛逝國祇有兩種考訂可以辯護。卽巴林馮之說。或爪哇西部之說是已。

余在此處不欲備引所有著錄末羅遊或室利佛逝之文。其最重要者。已有譯文可以參證。然余以爲將若干世人所未識之文提出。未必無裨於考證。並可藉知此種種名稱始於何種時代也。

末羅遊於六四四或六四五年初始見於載籍。國名作摩羅遊。册府元龜卷九七〇曰。貞觀十八年四年十二月。摩羅遊國遣使貢方物。此文並見唐會要卷一〇〇。及新唐書卷二二二下。別有一異文見於太平寰宇記卷一七七。其國名作金利毗逝。唐會要卷一〇〇節引此文。國名作金利毗迦。疑皆爲室利毗逝之誤。其中所列諸國名。似有一部份爲任意之配置。其最堪注意者。有金利毗逝之文者。卽無室利佛逝之事。其尤異者。此國遣使之年。册府元龜在他處則作佛逝或室利佛逝之使。觀此文中誌有赤土林邑之名。足證其爲唐代上半葉之事。玆錄其文如左。

「金利毗逝國。在京西南四萬餘里。經旦旦國。唐會要誤曰亘·此國音同正史之單單·字類義淨之咀咀·訶陵國。摩訶新國。唐會要分爲二國·此國應卽南海寄歸內法傳之莫訶信·按十一世紀爪哇王 Er-Langga 碑銘·記有此王與 Mahasin 爭戰之事·得爲此國也·多隆國唐會要作多薩·新唐書卷二二二下·多隆在多摩萇西·多摩萇之方位·後別有說·者埋國。此國不見他書·婆樓國。唐會要作婆婁·賈耽路程有婆露國·應是一國·多郎婆黃國。摩羅逝國。應從唐會要作摩羅遊·眞臘國。林邑國。西達廣州。其國東去致物國此國見唐會要卷一〇〇拘蔞蜜條二千里。西去赤土國一千五百里。南去波利國應是前述之婆利·唐會要婆字下脫十八字·三千里。北去柳衢國未詳三千里。其風俗物產與眞臘同。」

四一 木剌由 木來由 麻里予兒 沒剌由 馬來忽 沒剌予

晚至十三世紀末年蒙古時代。始見中國載籍著錄末羅遊之同名異譯。元史卷十一云。至元十七年十二月應在一二八一年初戊寅。以奉使木剌由國速剌蠻 Soleyman 等爲招討使佩金符。同卷又云。至元十八年一二八一六月。奉使木剌由國苦思丁 Chams-ud-din 至占城 Champa 船壞。使人來言乞給舟糧及益兵。詔給米一千四百餘石。又卷一百三十一亦里迷赤傳云。一二九三年又遣鄭珪招諭木來由諸小國。皆遣其子弟來降。又卷十八云。至正三十一年一二九四乙巳。遺南巫里此國諸蕃志卷上名藍無里。馬可波羅行紀作 Lambri. 印度珍異記作 Lameri. 阿多利 Odoric de Pardenone 行紀作 Lamori. 十五世紀初年中國使臣名曰南浡利。明史卷三二五及卷三二六誤分爲南渤利及南巫里二國。巴洛司 Barrus 一七七七年所撰亞洲誌 Asia 作 Lambri. 當時其國確在蘇門答剌西南亞齊 Atchen 附近。十四世紀所纂之爪哇古詩 Nagarakretagama. 以 Lamuri 國爲滿者伯夷 Majapahit 帝國之蘇門答剌諸屬國之一國。速木答剌元史尚有速木都剌。蘇木都剌。蘇木達。須木達。須門那。須文達那。蘇門答剌諸名。所指者應屬一地。明史卷三二五又誤分須文達那。蘇門答剌爲二國。此處之速木答剌與南巫里並列。應爲爪哇古詩列於 Lamuri 前之 Samudra 國。此國當時在蘇門答剌島之西北。十四世紀時 Ibn Batutah 曾見此國興盛。然在十三世紀上半葉中趙汝适所撰諸蕃志中未言此國。其國似建於一二五〇年頃。惟至十六世紀時巴洛司不知有之。而引有國名 Achem. (Atchen) 則明史謂蘇門答剌後易國名曰啞齊。非無故也。繼沒剌予按繼字譯文中鮮用之。應爲衍文。沒剌予似應改正作沒剌予。明人亦名之曰淡洋。Groeneveldt 考訂其爲今日蘇門答剌毯陽北方 Deli 及 Atchen 間之 Tamiang. 此名爪哇古詩著錄。使者各還其國。賜以二珠虎符及金銀符。金幣衣服有差。初也黑迷失按即前見之亦黑迷赤征爪哇時。嘗招其瀕海諸國。於是南巫里等遣人來附。以禁商浮海留京師。至是弛商禁。故皆遣之。又按前此在所引元史關係暹羅斛諸文中有一二九五年「諭暹人勿傷麻里予兒」一語。又卷二十一二九九年入貢之沒剌由以及同卷一三〇一年馬來忽等海島遣使來朝。皆屬一國之同名異譯也。

唐代之末羅遊及元代之沒剌由或麻里予兒不難復其原名。應爲 Malayu 之對音。亦馬來人 Malais 之名所自出也。此名或者在印度珍異記之 Malatou（改正作 Malayou）海名見之。元史麻里予兒之原名應爲 Malaiur 或 Malaiur 是亦若干回教著作家之 Malaiour 與馬可波羅行紀之 Malaiur 也。

四二　西籍中之末羅遊

至此 Malayu 或 Malaiur 及其都城方位之考訂。則爲說不一。玉耳沙畹巴爾特等引證 d'Albuquerque 疏證之一節。以爲巴林馮昔名 Malayo。惟其所引之文譯文紛歧。Grawfurd 之譯文云。（關係滿剌加 Malacca 之建立者）「拜里迷蘇剌 Paramisoar 名其城曰滿剌加 Malaka。緣爪哇語謂其出奔之地巴林馮 Palimbao (Palembang) 曰 Malayo。因其爲巴林馮之王而出奔。故名其地曰滿剌加。另有人謂其名滿剌加者因有不少人於短期中由各國來此。蓋滿剌加亦訓聚集也。」此文譯述未善。然明言巴林馮有 Malayo 之名也。又據 W.de Gray Birch 之譯文云「拜里迷蘇剌以滿剌加 Malaca 名其新殖民地者。緣在爪哇語中謂一巴林馮出奔之人爲 Malayo。此人既爲巴林馮之前王。而由其地出奔。故名此地爲滿剌加。別有人謂因有不少人於短期中自各地來。故名之滿剌加。蓋其意猶言聚集也」茲二譯文不同。前一譯文謂以 Malapo 之名名巴林馮。後一譯文言馬來人爪哇語意爲出奔。巴洛司之亞洲誌中有一節與後一譯文相近。其文以爲建立滿剌加者非拜里迷速剌 Paramisura 而爲其子幹的兒沙 Xaquem Darxa (Iskandar Shah)「以此名誌其父之出奔。蓋在其語言之中。猶言出奔之人。由是人民自稱 Malaios」根據上引諸文。可能解者。滿剌加一地蓋爲蘇門答剌之馬來人所闢創。然此事亦未確定。蓋上引之文視拜里迷速剌爲一爪哇人。而馬來紀年則以其開闢之人。非直接來自巴林馮。而爲來自星加坡者也。

由是觀之。不能根據上引「疏證」之文。而以末羅遊位置於巴林馮。然余以爲亦不能根據巴洛司所誌蘇門答剌之諸國名錄。而反駁此種考訂也。Groeneveldt 以爲應求末羅遊於蘇門答剌東部。地處巴林馮西北 Jambi, Indragiri, Kampar, 等河流之上。蓋若室利佛逝爲巴林馮。必須經由此地也。然此又與巴洛司之記載不合。巴洛司之記載始於蘇門答剌之西北角。歷數東岸諸國至於巽他 Sonde 海峽。復循西岸回至原處。其 Tana Malayo 次在巴林馮之後。應在其東而不在其西。則不能據之位置末羅遊於爲室利佛逝之巴林馮之西矣。然亦不應根據巴洛司之證據而妨礙末羅遊爲巴林馮之考訂。蓋其所誌之 Tana Malayo 即 Tanah Malayu。此言「馬來人之地。」此 Tanah Malayu 一名所指之地非一。今日則爲馬來半島習用之稱。意者巴林馮昔日通名「馬來人之地。」巴洛司後分此巴林馮與馬來人之地爲二。而以之爲二國。前者玉耳亦疑其所誌之 Lambri 與 Atchen 爲一國。可以例已。

設取爪哇古詩考之。其混淆愈甚。古詩列舉滿者伯夷帝國之屬國。有 Jambi, Palembang, Menangkabau, Syak, Kampar, Parlak, Samudra, Lamuri, Lampong, Baros 等國。並云「如是諸國及尙有他國皆在末羅遊國中。」則末羅遊在此處乃指蘇門答剌全島無疑義也。證以前引疏證及亞洲誌之文。不問作何解釋。亦以末羅遊在蘇門答剌。更取馬可波羅行紀審之。亦得同一結果。所異者。其末羅遊非爪哇古詩所指之全島。西爲蘇門答剌東部之南半部質言之巴林馮國是已。

四三　中國載籍中之佛逝

十世紀至十四紀末年。中國載籍知蘇門答剌有一強國名三佛齊。此國亦應在巴林馮。諸蕃志（卷上）謂其爲一強國。其屬國不僅爲蘇門答剌全島。且有馬來半島。並及細蘭（錫蘭）。乃此三佛齊一名幾不見於元史。而在元史中。祇見有馬來忽木剌由或與暹人攻戰之麻里予兒。若以爪哇古詩名蘇門答剌爲末羅遊。及馬可波羅之 Malaiur 似在島之南半等事證之。似宋明時人仍以其舊名名巴林馮國。而蒙古人不顧故跡。而以土人之馬來忽等名名三佛齊也。

由是觀之。十世紀至十五世紀之三佛齊與十三四世紀之馬來忽等名。皆爲同名異稱。皆似指巴林馮國。設若承認七世紀之末羅遊卽是十三世紀之馬來忽。則應求佛逝或室利佛逝於巴林馮之東矣。乃考義淨求法高僧傳無行傳室利佛逝國十五日至末羅瑜洲。又自末羅瑜十五日到羯茶國。設若末羅遊（或瑜）卽是巴林馮而暫時承認羯茶卽是 Kedah。乃蘇門答剌海岸巴林馮東南之行程。與巴林馮至 Kedah 之行程。不相等也。而且 Groeneveldt 所主張之 Lampong。從未爲重要貿易之處所。復次義淨所言之行程。所通過者爲滿剌加海峽。而非巽他海峽。則繞道至蘇門答剌未爲文化中心之處。恐將無從索解。所以有人欲尋求室利佛逝於更東之地。而欲在爪哇沿岸尋之。是爲巴爾特君所持之說。而經沙畹君之贊同者也。對於此說。尙有一旁證可以主張。新唐書（卷二二二下）室利佛逝傳云「夏至立八尺表。影在表南二尺五寸。」惟此種觀測未可盡信。蓋吾人前此已引訶陵傳表南二尺四寸之文。謂其當北緯六度強。室利佛逝傳所誌之觀測結果大致相同。所差者不過十五分而已。若改夏至爲冬至。則可將結果倒置。而適用於爪哇北岸。緣其在南緯六七度之間。茲若在此處爲相類之改正。亦得南緯六度強之結果。則亦可將室利佛逝位置於爪哇矣。

此說雖然有利。然余以爲不應採用。蓋余不信能求室利佛逝於蘇門答剌之外也。

除金利毗逝爲室利佛逝之訛一說不計外。新唐書室利佛逝傳謂其國咸亨（六七〇至六七三）至開元（七一三至

（七四一）間數遣使入朝。余今尚未發現關於室利佛逝初次遣使之文。然其在七世紀末年遣使至中國已有文可徵也。唐會要卷一百謂證聖元年（六九五）九月初五。詔給外國入朝使臣稟糧。南天竺北天竺波斯大食使給六月稟糧。尸利佛誓眞臘訶陵等國使給五月稟糧。林邑國使給三月稟糧。冊府元龜卷九七〇云長安元年十二月（七〇二年初）佛誓遣使貢獻。又卷九七一云佛誓遣使貢獻。又同卷云七二四年七月尸利佛誓國王遣使臣俱摩羅 Kumara 獻侏儒二人僧耆女一人及歌舞官五色鸚鵡。官摩羅爲折衝賜絹百疋放還蕃。又卷九六四與卷九七五云同年八月授尸利佛誓國王尸利陁羅拔摩 Çrindravarman 爲左右衛大將軍。又卷九七一云七二八年拂誓王又獻五色鸚鵡。同卷又云開元二十九年十二月（七四二年初）拂誓國王遣使入獻。又卷七六五云同年正月冊封佛誓王劉滕未恭爲賓義王授左金吾衛大將軍。

除唐書本傳與賈耽路程之外。余所得之於史籍關係佛逝之文祇此。至若義淨之文。業經沙畹與高楠順次郎譯出。不再贅引。又考宋高僧傳卷一金剛智 vajrabodhi 傳中。亦有佛誓國名。傳云。自師子國登舟。歷佛誓裸人等二十餘國。又據貞元新訂釋教目錄金剛智傳。謂自師子國登舟共三十五舟。一月至佛誓。留五月。以多難故。七二〇年方達廣州。

綜考上引諸文。具見佛逝與室利佛逝等名之互用。日玉連曾將其還原爲 Çribhoja 此名與其轉出之 Sriboja 一名。必爲大食旅行家流傳之 Serboza。此 Serboza 爲 Zabedj 大王 maharaja 之一屬國。別言之。室利佛逝爲 Yavadvipa 之一屬國。沙畹君未注意於 Serboza 一名。乃謂室利佛逝與 Zabedj 相對。其實就發音言。室利佛逝與 Zabedj 之相對。不及與 Serboza 之相對也。沙畹君又承認義淨撰述中之附註。爲後周時(九五一至九六〇)之註釋。此種註釋兩言末羅遊今爲室利佛逝國。顧當九世紀時。大食人誌有 Zabedj 帝國。由是沙畹君乃謂此室利佛逝卽是大食人所言之國。

但據高楠順次郎之考證。義淨之註。卽出義淨本人。至沙畹君之所以誤會者。乃因註中有「周言」二字。顧此處之周。乃指武周。武后於六九〇年改唐爲周。迄於七〇五年。而義淨之兩傳適成於六九〇年與七〇五年之間。則其註釋出於本人。毫無疑義矣。由是當七世紀末年之時。義淨已知末羅遊與室利佛逝之合併。而此合併不能爲反對或贊成七世紀之室利佛逝卽是十九世紀 Zabedj 之考訂矣。復次義淨兩言室利佛逝名曰金洲。而 Albiruni 之著作中有謂 Zabedj 爲印度人所稱金洲之語。但巴爾特君曾言此大食人之金洲。所指者得爲爪哇。亦得爲蘇門答剌也。余意以爲應取印度珍異記刊行以後一般之說而以 Serboza 爲室利佛逝。

惟在此假定之中。不能以室利佛逝位置於爪哇。吾人應注意此處所關係者。並非室利佛逝之一屬國。而謂其屬地在蘇門答剌。而其母國在爪哇也。Serboza 應爲主要處所。應爲國之都會。顧此 Serboza 在 Adjaib 書中位置於 Lameri 島之極端。吾人已知此 Lameri 昔在蘇門答剌之西北角。然大食人在其自錫蘭赴中國之路途中。卽以初見之國名。爲全島名稱之例不少。吾人以古 Samudra 國名而名全島爲 Sumatra。東來之爪哇人又名之爲 Malayu。其事蓋相類也。

由是觀之。雖有前述之論據。中國載籍所稱之室利佛逝。確爲蘇門答剌。八世紀末年佛逝既在滿剌加海峽之南。訶陵島之東。質言之。爪哇之東。賈耽所誌者似爲蘇門答剌無疑。難者曰。君既以室利佛逝與末羅遊既已在七世紀末年合而爲一。而末羅遊確在蘇門答剌。竟不能謂賈耽所言之佛逝卽指此地。而佛逝之都城或在爪哇歟。余以爲不能作此解也。唐書在政治方面不能使吾人將訶陵或爪哇與室利佛逝混而爲一。無一史文證此二國在同一島中。縱然主張室利佛逝都城昔在爪哇。則應承認賈耽名在蘇門答剌之一屬地爲全國。而於言及海中大洲訶陵之時。忘言其不特爲訶陵國之中心。且忘言其爲室利佛逝國之中心矣。此種假定似爲意中所無之事。又況佛逝爲中國赴印度途中之一天然站口。必須繞道始至爪哇歟。

四四　婆魯師及郎婆露斯

覩義淨南海寄歸傳列舉之十一洲。亦應求室利佛逝於蘇門答剌。從西數之。首爲婆魯師洲。義淨又於求法高僧傳言。有新羅僧二人「汎舶至室利佛逝國西婆魯師國。遇病而亡。」沙畹君曾以此文與新唐書室利佛逝傳「二國分總西曰郎婆露斯」之文對照。此婆魯師與郎婆露師二名未知孰是。前此有作種種之假定。要以克倫 Kern 君蘇門答剌西岸 Baros 之說較爲充足。史萊格承認此復原之名。然不信其爲蘇門答剌西岸出產樟腦著名之 Baros。其否認之理由有二。卽今之 Baros 在義淨時尙無是名。而義淨亦未親至其地也。按今之 Baros 在大食人撰述及馬可波羅行紀之中名曰 Fansour (Fantsur)。在十三世紀中國載籍之中名曰賓窣。在十五世紀中國載籍之中則名班卒或班卒兒。然此 Fantsur 得與 Baros 並存也。史萊格謂今之 Baros 在中國譯文中作婆律。殊未一思中國人稱樟腦爲婆律膏。始於梁時。（五〇二至五五六。見梁書卷五四。）設若婆律卽是 Baros。則應承認此名至少當與 Fantsur 並古。此似爲九世紀 Ibn Khordadhbeh 所誌之 Balous。

至若義淨未至婆魯師一說。亦無價值。蓋本文未言義淨親至其地。僅言有新羅師二人至其國遇病而亡也。至若史萊格之第二 Baros。在十三世紀至十五世紀之中西著作中皆不見著錄。殆以一名爲兩地也。總之諸假定中要以克倫之說較爲近眞。然亦不無難題。蓋義淨及其他諸中國僧人之行程。一如百年後之賈耽路程。皆經由滿剌加海峽。乃此 Baros 似須經行巽他海峽始能抵其地。否則必須假定其國跨有島之東西。而諸旅行家由巴林馮赴印度者。沿其國之東岸行也。此種解說似乎牽強。節略言之。婆魯師得爲 Baros。然不能必其是也。其可無疑者。卽此婆魯師國昔在蘇門答剌之西北一事。

新唐書室利佛逝傳謂二國分總。西曰郎婆露斯。其惟一可能主張之解說。則似室利佛逝在此處乃指蘇門答剌全島。而此島分爲二國。東南爲室利佛逝本國。西北爲郎婆露斯國。觀南海寄歸傳所列之諸洲。可爲相同之結論。其文云。從西數之。有婆魯師洲。末羅遊洲。卽今尸利佛逝國是。莫訶信洲。訶陵洲。云云。顧此末羅遊洲。已無人疑其不在蘇門答剌。第若主張室利佛逝要在爪哇。則此義淨去時經停六月漸學聲明。歸時又停其國十年之眞正室利佛逝。反不見於其列舉的十一洲之中。似爲意中必無之事也。

四五　三佛齊　巴林馮　詹卑　舊港　寶林邦　浡淋邦

有一最後理由。可使吾人主張室利佛逝卽在蘇門答剌一說之是。吾人已見八世紀末年賈耽路程中之佛逝必在蘇門答剌。顧在十世紀末年中國載籍始知蘇門答剌沿岸必是巴林馮有一三佛齊國。Groeneveldt 君於研究室利佛逝問題之前。曾言三佛齊與大食人之 Serboza 相對。蓋此種名稱實有相連之關係。而大食人之 Serboza 乃室利佛逝與三佛齊兩名間之一種過渡名稱也。比耳曾將三佛齊還原爲 Sambhoja。殊不相類。史萊格又還原爲 Sembodja。是卽馬來語緬梔子 Plumeria scutifolia 之名。顧在 Sembodja 一名之外。又有 Kembodja 寫法。史萊格遂以 boja

爲字根。此二字如何發生。余現未能解決。僅知字典之 kembodja 乃爲梵語 kamboja 一種植物名稱之譯寫耳。Van der Lith 曾在 Babad tanan djawy 之中。見有 Sambodja 一名。已曾討論此名是否爲巴林馮之原名。Brandes 已承認此說。而明言三佛齊爲巴林馮之舊名。亦爪哇文中之 Samboja 也。然則不能謂三佛齊爲室利佛逝之一種寫法。二名雖有關係。中國人與大食人所識之室利佛逝舊名。似已不爲人所知。漸以 Sembodja 化名代替。而中國載籍之三佛齊遂以發生矣。雖然。余對於此賦與巴林馮之 Sembodja 一名。仍然懷疑。極望將著錄 Samboja 之爪哇載籍裒輯評論。然無論如何。中國載籍在佛逝或室利佛逝與三佛齊之間。似已有一種過渡之名稱。蓋第一次貢使不以佛逝或室利佛逝名者。未用三佛齊之名。而僅名曰佛齊國。此次貢使在九〇四年至中國。見唐會要卷一百。並見冊府元龜卷九七六。此佛齊之於三佛齊。似猶佛逝之於室利佛逝也。

室利佛逝似曾爲中國印度間航行必至之一站。三佛齊亦然。十二世紀之大食人常停舟於此。見嶺外代答卷二。南海諸國以大食國爲最富。闍婆國次之。三佛齊國又次之。見嶺外代答卷三。十三世紀時。諸蕃志卷上所列舉三佛齊之屬國。不僅有蘇門答剌西北之監篦 Kampei 或藍無里 Lambri。且誌有馬來半島之蓬豐。（應爲明史卷三二五之彭亨，盆亨，彭坑與海錄之邦項，今之 Pahang 是已。關於此地之漢文其他譯名，可參考 Groeneveldt, Notes on the Malay Archipelago, in Essays Relating to Indo-China.）登牙儂（今 Trengganu 海國聞見錄作丁噶奴，瀛寰誌略卷二作丁噶呶及丁加羅，海錄作丁咖囉，明史卷三二五及東西洋考卷四著錄有爪哇屬國丁機宜，海錄謂其亦爲此地，然證以東西洋考卷九之說，似別爲一國。）吉蘭丹 Kelantan（諸蕃志卷上誤作吉蘭舟，）凌牙斯加 Lengkasuka 等國。並將細蘭（按即 Ceylan 後別有考）列入至十四世紀時同一國名見於爪哇古詩所誌滿者伯夷國諸屬國之中。約當一三七七年時爪哇據有三佛齊。其國遂亡。（見明史）

前已數言巴林馮爲三佛齊國之中心。而亦爲古室利佛逝國之都會。但此三佛齊之考訂。發生若干難題。而今人並思及 Jambi 一地也。按諸蕃志所列三佛齊之諸屬國。有巴林馮。此地祗能爲 Palembang。第若三佛齊即爲巴林馮。則不能同時又將巴林馮列爲三佛齊之屬國也。又考宋史（卷四八九）云。三佛齊王號詹卑。嶺外代答（卷二）云。三佛齊國遣詹卑國使貢獻。此詹卑似爲三佛齊本國之名。而宋史誤以之爲王號者也。明史（卷三二四）云。下稱其上曰詹卑。猶言國君也。後大酋所居即號詹卑國。此詹卑應即 Jambi 之對音。其在中國赴印度之路途中地位較巴林馮爲優。復次尚有世人常用以考訂三佛齊即爲巴林馮之一文（並見明史）曰。改故都爲舊港。此文或無世人所擬之一切價值。蓋武備祕書附圖。

著錄蘇門答剌此處海岸有二舊港。其一飛里卜斯認爲巴林馮者。余以爲似即詹卑。別一偏東之舊港。余以爲似即巴林馮。則改三佛齊爲舊港。可以視爲詹卑之事矣。

惟圖載之舊港得誤以一地爲兩地也。除此可駁之材料外。尚可引證若干有利於巴林馮考訂之文。明史（卷三二四）誌有一三七三年初次入貢歿於一三七六年三佛齊王麻哈那寶林邦一名寶林邦已有人視爲巴林馮之別譯。麻那哈似爲 maharaja 之訛譯。（其子馬那者亦爲一種同名異譯。）此言巴林馮大王也。十五世紀上半葉永樂宦者之奉使南海。謂舊港爲昔之三佛齊。亦名浡淋邦。明史（同卷）又謂一三七七年爪哇讓其國。三佛齊王所居號詹卑國 Jambi。改故都曰舊港。（按唐會要卷一百又太平寰宇記卷一七七著錄八五三及八七一年入貢之占卑國使。不知此國何在。）觀上引諸文。余以爲考訂三佛齊昔在巴林馮。理由似甚充足也。

然而此種結論有一極大難關。余既承認馬可波羅之 Malaiur。元史之木剌由或麻里予兒。爪哇人之 Malayu。概爲蘇門答剌之巴林馮。又一方面余以爲室利佛逝亦應在蘇門答剌東岸求之。視其爲三佛齊。則又位置之於巴林馮矣。既以室利佛逝與末羅遊爲一地之二名。然則又何解於義淨所誌兩地十五日之行程耶。此一駁論之堅強。余亦知之。余不見有人能爲充分之解說者也。惟不應忘者。設若室利佛逝不在巴林馮。則應求之於爪哇。而此說所引起之難題。又不弱於前也。余之假定以爲在地理方面。勢須將義淨之末羅遊與十三世紀之木剌由或麻里予兒判爲兩地。惟在此方面應顧及者。一種極緩之航行。是亦海峽中之通例也。按求法高僧傳無行傳之行程。室利佛逝十五日至末羅瑜。又十五日至羯茶。末羅瑜應在巴林馮與羯茶 Kedah 半道之間。同傳之義淨傳。曾言「轉向羯茶」。具見其行抵末羅瑜後。變更方面。進向羯茶。設其仍沿蘇門答剌海岸行。此語自不可解。第若假定末羅瑜在 Syak 方面。而義淨轉帆北向 Kedah。則易解矣。當六七二年義淨西赴印度之時。末羅瑜或遊與室利佛逝尚爲二國。然至七世紀末年。其撰述南海寄歸傳求法高僧傳兩傳之時。兩國已併合爲一。自是以後。其都城似確在巴林馮。然頗難言何國併入何國也。第若末羅瑜常在巴林馮。則應承認都城原在爪哇之室利佛逝。徙都於被併之國。如此乃可說明賈耽及新唐書位置佛逝於蘇門答剌之理。并可解義淨「末羅瑜今改爲室利佛逝」之語。設若反是。室利佛逝原在巴林馮。則應假定末羅瑜地在其西。而爲室利佛逝所據。然其舊民尚有以其名名新國之勢力也。總之。不論末羅瑜與室利佛逝之從前歷史如何。而自八世紀以還。茲二名似同指一地。而賈耽之佛逝。廣義應指蘇門答剌。狹義乃指巴林馮國也。

四六　自葛葛僧祇至師子國

賈耽路程不經爪哇。蓋因通過海峽以前。有不少旅行家繞道而至此島。故誌此島在佛逝國之東。賈言之在蘇門答剌之東。至其繼續航行之路。則爲北岸羅越國南岸佛逝國之海峽。賈耽云。「又西出峽三日至葛葛僧祇國。在佛逝西北隅之別島。國人多鈔暴。乘船者畏憚之。其北岸則箇羅國。箇羅西則哥谷羅國。又從葛葛僧祇四五日行至勝鄧洲。又西五日行至婆露國。又六日行至婆國伽藍洲。又北四日行至師子國。」此段文字不明。頗難據以考證今地。余所提出之說明。祇能爲一種最劣之假定也。

第一問題卽在求葛葛僧祇之方位。設以賈耽之佛逝爲蘇門答剌全島之稱。則應求葛葛僧祇於此島西北角之一小島。若 Poulo Bras 或 Poulo Way 之類。惟在海峽之中。信風甚微。帆船不能三日自海峽至 Boule Way。而且頗難將行抵師子國以前之諸國位置於此類小島之西。所以余取新唐書室利佛逝傳之狹義的佛逝。此名固爲蘇門答剌羣島之稱。亦爲其東南一部之號。而其西北則名曰婆魯師或郎婆露斯。葛葛僧祇在此一解中則爲 Brouwers 諸島之一島。余現無進而確定之材料。葛葛僧祇之名在余視之仍在祕密之列。其後半之僧祇二字乃指黑人。就在此處亦無裨於考訂也。

箇羅之考訂雖不能必其爲是。然可疑其爲是。緣此國名他處亦見著錄也。賈耽之文可作兩解。或者箇羅在葛葛僧祇之北岸。或者在海峽之北岸。余以後一解爲是。賈耽路程此處所誌之國。一如訶陵。皆非行程之所必經。所以後有又從葛葛僧祇行一語。考唐書(卷二二二下)曰哥羅一曰箇羅。亦曰哥羅富沙羅。在盤盤之南。王名矢利波羅米失鉢羅。çriparameçvara 有州二十四。Groeneveldt 曾將其名還原爲 Kora。以爲曾見有一同名之村。似在馬來半島西岸北緯七度附近。按盤盤國既在馬來半島。自應在其地尋求箇羅。而賈耽路程惟許在其西岸尋之。但 Groeneveldt 考訂之處。非世人已識之海港也。近代中國載籍又以唐之箇羅爲今之滿剌加。並謂其亦號重迦羅。史萊格業已採定此種考訂。其重迦羅之方位。此處余欲無言。殆恐廣東通志誤以此名適用於此。此名在十五世紀瀛涯勝覽及十三世紀諸蕃志之中。皆指爪哇或爪哇附近之一島也。

Groeneveldt 曾以其 Kora 與大食地理學者之 Kalah 相對。顧自印度珍異記刊行以後。世人大致承認 Kalah 爲 Kedah。又考箇羅之漢語古讀。在原則上不對 Kora。而對 kala 或 kara。此 Kedah 一名。別在中國釋藏見之。義淨數言羯茶。其赴印度。由末羅遊航行至此。其歸國時。在抵室利佛逝以前。曾至其地。比耳曾以羯茶爲 kedah。然未說明其理由。顧在今日似無疑義。按羯茶理論上之對音爲 kada。乃考大食人 Kalah 之寫法。與夫 Grawfurd 所考 Kedah 一名之 Kadah 語源。皆足印證古讀之是。而其第一綴音之韻母爲 a 也。則若承認義淨之羯茶即是 Kedah。並爲大食地理學者之 Kalah。或亦爲此處之箇羅也。此外新唐書驃國傳有一屬國名曰偈陀。或者亦指 Kedah。宋史卷四八九及諸蕃志卷上著錄有一國名古羅或古邏。應在馬來半島。其地在印度赴中國途中。未至巴林馮以前之半島西岸。此地似非大食人之 Kalah 或今之 Kedah。蓋其音讀不甚相合。古字之韻母爲 u 而非 a。而且著錄有古羅之諸蕃志並著錄有吉陀國名。此吉陀似即 Kedah 也。最後明代著作誌有白古 Pégou 地方之大小古喇。（讀史方輿紀要卷一一九）此古喇得爲宋代之古羅。則宋代之古羅不能謂爲唐代之箇羅。而祇能以箇羅對 Kedah。庶幾錯誤可望較少也。

觀新唐書之文。祇能位置箇羅於馬來半島。乃賈耽路程則於此處引起一重大難題。據云。「箇羅西則哥谷羅國。」顧據前引新唐書之文。則云「羅越者北距海五千里。西南哥谷羅。」羅越旣爲馬來半島之南部。若欲使哥谷羅能在其國之西南。勢必將羅越國境向北大加推廣。此外核以地勢。Kedah以西祇有大海。如是種種皆難題也。意者史文有誤。或應求哥谷羅於 Kedah 西北或西南之 Langkari 島。抑 Poulo Pinang 歟。然考大食地理 Adjaib 一書中有一地名 Qaqola。奇類中國載籍之哥谷羅。據此書云。此大食人之哥谷羅爲Moul Djaoua之一海港。航海者自Somothra (Samudra)首途。沿 Somothra 國海岸行二十一晝夜。抵於 Moul Djaoua 所抵之地。譯此書者以爲卽是爪哇。然未說明其理由。Van der Lith 則以 Qaqola 在蘇門答剌西岸。然則大食人之哥谷羅與中國人之哥谷羅毫無關係矣。但據玉耳之說。又以 Moul Djaoua 在馬來半島。諸說紛歧。莫衷一是。暫時余以爲中國人之哥谷羅與大食人之哥谷羅似爲一地。然不因此遽能考訂其位置也。

賈耽路程於著錄箇羅及哥谷羅兩國之後。又從葛葛僧祇四五日行至勝鄧洲。又四五日行至婆露國。又六日行至婆國伽藍洲。設以葛葛僧祇位置於蘇門答剌之西北角。則難位置勝鄧婆露伽藍等地。余以爲似應求葛葛僧祇於 Brouwers 諸島之中。在此情況中勝鄧則非一洲。而爲蘇門答剌之一部。後者卽是 Deli 與 Langkat 一帶也。婆露得爲義淨之婆魯師。及新唐書之郎婆露斯。至若伽藍一名頗不可解。中國載籍常名 Nicobar 諸島爲翠藍。殆因伽藍 sangharama 爲一著名之名詞。致訛翠藍爲伽藍歟。瀛寰誌略卷三亦誤以翠藍爲迦藍也。設此翠藍之名爲一古名。則可假定新唐書中亦有一相類之誤。不幸此翠藍之名在十五世紀以前未見有之。至若婆國應視爲婆露之訛歟。則 Nicobar 羣島在此情況中爲婆露國婆魯師或郎婆露斯之一屬地矣。大食人行紀中名此諸島爲 Ladjabalous。或者與上述之譯名有其關係。然此皆屬假定也。

吾人對於行抵師子國 Ceylan 以前之路程。尚應爲一種最後之改正。路程之文云。伽藍洲又北四日行至師子國。乃一方面翠藍至錫蘭不止四日。又一方面其方向爲西而非北。此北字似應改爲十字。或廿字。則成爲十四日行或二十四日行。始與其他行記所誌之路程相符矣。

四七　師子國

中國載籍關於錫蘭之文久已有人研究。法顯及玄奘傳記之譯文。凡東方學家莫不有之。J. E. Tennent 之錫蘭 "Ceylon" 一書。成於一八五九年者。中有「中國人所知之錫蘭」一章。其材料乃爲著名漢學家 Wylie 所供給。惟應糾正者。是時以後已不視狼牙修赤土等國爲錫蘭也。飛里卜斯已將明代之錫蘭諸傳迻譯。最後烈維 Sylvain Lévi 君又將中國與錫蘭之關係。作一全部之研討。見一九〇〇年五六月刊亞洲報·惟應補充者·高僧傳卷三求那跋摩傳師子國八尼至京事·又明史卷三二六及明皇四夷考卷上所誌止于一四五九年錫蘭之事·一四一一年鄭和執其王亞烈苦奈兒 Alagakkonara 以歸·以其族耶把（一作巴）乃那爲王·一四一二年冊封之名作不剌葛麻巴忽剌批（一作查）Parakkama Bahu Raja 其舊王亦遣歸·一四四五年遣使耶把剌謨的里啞入貢·一四五九年其王葛力生夏剌昔利把交剌惹遣使入貢·嗣後不復至·是時 Parakkama Bahu Raja 六世必尙在位·則「把交」似爲 Parakkama 之省譯·昔利爲 siri 剌惹爲 raja 之對音· 前人既已有研究。余於此處僅指出若干中國載籍之錫蘭島名。並證明有人不認諸蕃志之細蘭爲錫蘭之非而已。

當三世紀康泰使扶南之時或已知有錫蘭。扶南土俗傳現存殘文中固未見其名。然有斯調洲。似爲 Sihadipa, Simhadvipa 譯寫之對音。（可參照太平御覽卷七八七）顧其方位。又似不相符。至五世紀初年法顯傳始著錄師子國之名。此名沿用至於近代。五世紀下半葉竺芝扶南記。（見水經注卷一引）又譯其音作私訶條。相類之譯名。並見於佛經譯文之中。一作私訶疊。亦作私訶絜。（譯者按原註云出日本大藏暑字函七册二八及三六頁今未見明治大藏·不知所指何經·容續考之）又十二遊經所言南海諸洲中之斯黎。疑亦指錫蘭。大藏中屢見之寶渚 Ratnadvipa。亦其別名。玄奘名此島曰僧伽羅 Simhala。義淨名曰僧訶羅。杜佑通典引杜環經行記謂「師子國亦曰新檀。又曰婆羅門」。婆羅門乃印度之特稱。不特指一島。新檀一名頗難解說。大食旅行家謂印度西岸名 Sendan。殆誤以之爲錫蘭之名歟。元史（卷一三一亦黑迷失傳）亦作僧迦剌。

茲特後言宋代之譯名者。緣世人對此已有爭議也。一八九五年時。Hirth 曾謂諸蕃志有三佛齊 Palembang 之屬國細蘭。又別誌此國之山頂有巨人跡。以爲細蘭卽錫蘭。其山卽 Adam 峯。（通報第六册）史萊格駁其說之非。是以爲細蘭卽是蘇門答剌東岸碟里 Deli 一帶四族之一 Silan 之對音。（通報二類二册）此說非也。按此細蘭之名。不僅一見。一一七八年刊嶺外代答已言占城眞臘雲南之西有海名細蘭海。海中有洲名曰細蘭。（見二卷）又謂細蘭洲與細蘭海在西天印度之南。（見三卷）再考諸蕃志本文云「有山名細輪疊。頂有巨人跡。長七尺餘。」（見上卷藍無里條）細輪疊卽大食人行紀 Serendib 之對音。大食人有時以此名名錫蘭之 Adam 峯。而別名全島曰 Siyalan。足證原考非誤。而趙汝适記載之實矣。

四八　沒來及千支弗

賈耽續云。「其北海岸距南天竺大岸百里。又西四日行經沒來國。南天竺之最南境。」此沒來應爲西域記卷十之秣羅矩吒 Malakuta 亦卽秣剌耶 Malaya 國。後之麻囉拔 Malabar 沿岸之名所自出者也。宋高僧傳卷一金剛智傳云。跋日羅菩提 Vajrabodhi 此云金剛智。南印度摩賴卽國人也。父爲建支國 Kanci (Conjeveram) 王師云云。此摩賴耶亦其同名異譯。中國載籍若冊府元龜之類。著錄若干南印度貢使。常難斷其來自何國。緣南印度已有數國與中國發生外交關係。就中可知者。有六九二年 Mysore 之 Calukya 王朝貢使及七二〇年冊封建支 Kanci 王

çrinarasimhapotavarman 爲南印度王二事。參照前引烈維之文·及沙畹撰之西突厥史料補篇·新唐書卷二二二下及册府元龜卷九七〇。誌有一文。雖有異議。然余以爲應視其特別關係秣剌耶國者也。

新唐書曰。瞻博或曰瞻婆 Campa。北距兢伽 Ganga (Gange) 河。多野象羣。顯慶六五六至六六〇中。與婆岸千支弗舍跋若摩臘四國並遣使入朝。千支在西南海中。本南天竺屬國。亦曰半支跋。若唐言五山也。北距多摩萇。又有哥羅舍分應爲新唐書同卷別見之迦邏舍弗·舊唐書卷一九七作迦羅舍佛國·在墮和羅或獨和羅之北·墮和羅又在盤盤之北·隋書卷三著錄六〇八年迦邏舍入貢一事·茲三譯名還原皆作 Kalaçapura. 按印度故事Kathasaritsagara曾謂金洲 Suvarnadvipa 中·質言之越南或南海羣島中·有一城名 Kalaçapura（克倫 Kern 君以爲可改作 Kalapapura. 或因爪哇語之 kalapa· 馬來語之 kelapa. 而欲將其變改歟· kalapa 此言椰子·漢譯噶喇巴·以名 Batavia 者也·）名雖相類·似非一地·蓋印度故事似位其地于海濱·而新唐書所誌墮和羅之境界則不能將 Kalaçapura 位置於海濱也·吾人前此已言盤盤國在馬來半島·並曾提議將其位置於 Bandon 或 Ligor 一帶·至若墮和羅及獨和羅之別譯·與杜和鉢底杜和羅鉢底杜和羅等名共比較·似墮和羅卽是 Dvaravati 之同名異譯·修羅分甘畢三國貢方物。……又有多摩萇東距婆鳳。西多隆。南千支弗。北訶陵。地東西一月行。南北二十五日行。又考册府元龜誌有六五六年婆岸國入貢及六五七年瞻博國入貢事。蓋誤以瞻博 Campa 爲二國。其後所載一事頗與前引新唐書之文相合。據云顯慶三年六五八八月。千私弗國王法陁拔底。舍利君國王失利提婆 çrideva 摩臘國王施婆羅地多 çri

Baladitya 並遣使貢獻。三國並屬南天竺國。極遠。自古未通中國。海行數月至交州。貢獻其國方物。六六二年又著錄有於弗（此名必爲千私佛之訛。）摩臘等國使臣與哥羅舍分修羅分甘畢等國使臣入貢之事。（並見册府元龜卷九七〇）

觀右引册府元龜及新唐書之文。其具有關係毫無疑義。惟應知者。其國在印度抑在越南半島而已。諸國國名見於恆河以東諸國列傳之中。尤足使人尋求千支弗於馬來半島。並有若干史文謂多摩萇在一海島之上。而其音樂有類印度。則亦不能尋求此國於印度本部之中。多隆國名並見前引金利毗逝條中。余曾經言此條著錄之國名皆非已識印度之國名。亦有利於諸國不在印度之解釋。但有若干有利於反面解釋之理由似較堅強者在也。前述新唐書諸列傳中並著錄有印度本部之國。觀其著錄恆河南岸之瞻博可以知之。册府元龜謂千私弗舍利君摩臘三國並屬南天竺。此舍利君顯與新唐書之舍跋若相對。此國固不詳爲何國。其餘二國似可考訂。摩臘應是秣剌耶。至若千支弗。新唐書謂亦曰半支跋。唐言五山。則其梵文應爲 Pancaparvata。然非千支弗之對音。不能從史萊格之說改爲半支弗也。按千字常與干字相混。若改爲干支弗則可爲 Kancipura 之省譯矣。此國與秣剌耶實在南印度也。顧千支弗在多摩萇之南。而多摩萇又在訶陵之南。此處之訶陵殆爲印度之 Kalinga 前在訶陵條中已言之矣。

賈耽路程終於縛達 Bagdad 然余之研究祇能止於印度南端之 Comorin 岬。夫欲繼續考證印度西岸及波斯灣之路程。必須廣爲引證。此余之所欠缺者也。余於一短篇之文作此長篇考據。讀者必以爲異。余對此不能無一言之說明。沙畹君對於余之扶南考一文。曾作一種贊許之評論。（見亞洲報一九〇三年十一二月刊）以爲欲得結論之根據。須如余之首先迻譯一切關係其事之史文。余亦以此爲從事科學研究之一種必要條件。沙畹君僅追憶 Hirth 君之傑作「中國與羅馬東境」一書。然其本人所撰之「西突厥史料」亦得謂爲一種模範也。則應用同一方法闡明中國之南海人種誌所引起之種種難題。惟在此細節研究中。常與曾在學界中取得「籍貫權」之若干大錯相抵觸。與其等待將來之辯駁。似不如根據一種重要材料。先爲一種調查。確定其問題。而說明何說似可暫時承認也。其中勢在難免之假定。業因本校同人之贊助而大爲減少。嗣後祇須將各個問題衍爲特別論文。並盼余說之肯認。設若他人之研究或余自己之研究將來不與余現持之說相合者。余必自承余誤。惟頗望此種自糾之事不常有之云。

附錄一 賈耽路程陸路 見新唐書卷四十三下

安南

在今河內附近

經交趾

六二一年設宋平縣。六二二年析置交趾。六二七年復并入宋平。移交趾縣名於漢交趾郡舊治。

太平

太平縣名惟見新唐書卷四三下及通典卷一八四著錄。舊唐書及太平寰宇記皆未著錄。縣在都護治所之西。其今地未詳。要非今日河內東南之太平也。

百餘里至峯州。

今日大致考訂其地爲白鶴。此百餘里。舊書作百五十里。與蠻書水程二日之記載亦合。然此僅指其治所。至其州地至少應當今之山西全省八六六年高駢卽於此處敗南詔兵。

又經南田。

此地未詳。亦未見他書著錄。

百三十里至恩樓縣。乃水行四十里至忠城州。

州距峯州百七十里。蠻書作忠誠。謂距峯州五日程。然百七十里無須五日行也。比較賈耽與蠻書之路程。其道里總數雖大致不差。然中間距離相符者甚少。疑有臆爲分配者。按隸安南都護府之羈縻州有甘棠州。屬縣一曰忠誠。或卽此地。

又二百里至多利州。

此名幷見蠻書。

又三百里至朱貴州。又四百里至丹棠州。

丹棠未詳。疑爲甘棠之訛。蠻書有甘棠州。新唐書有甘棠羈縻州。

皆生獠也。

獠人前已有考。並參考文獻通考。

又四百五十里至古湧步。

蠻書作賈勇步此地顯爲交趾赴南詔都城中途之要站。蓋賈耽路程總計古湧步水路至安南之里程也。蠻書此處亦爲水陸分道之所。則其地應爲紅河上流止航之地。似卽今之蠻耗。舊唐書卷四一未見著錄。然考新唐書卷四三及太平寰宇記卷一七一。七六六年置郎茫羈縻州。領郎茫古勇二縣。至舊唐書郎茫州所領之龍然福守二縣。實爲新唐書及太平寰宇記龍武羈縻州所領之龍丘福字二縣。雲南通志卷二六謂永昌西百里有古勇縣治。元時置旋廢。不知審否。元史未見此文。惟元史卷六三所誌交趾廣西雲南諸土縣中有古勇縣。得爲唐之古勇。又考天下郡國利病書卷一一八。謂後在安南設置古勇縣。然其今地未詳也。

水路距安南凡千五百五十里。

合計路程里數應爲千六百二十里。或者因安南至恩樓縣爲陸道。水陸計算之法不同。致有差異。

欲比較賈耽計里之路程與蠻書計日之路程。可參考資治通鑑補正卷二四九胡三省注唐代計里之法。

又百八十里經浮動山。

設若古湧步卽爲蠻耗。此浮動山與天井山應是蒙自西南之高原。

天井山。山上夾道皆天井。間不容跬者三十里。二日行至湯泉州。

舊唐書卷四一湯州治湯泉縣。然其地屬今之廣西梧州似非此路行程之所經。按湯泉各省皆有。

此處之湯泉州應距今之蒙自不遠。

又五十里至祿索州。又十五里至龍武州。

按龍武城前已著錄。其設置之時或在朝衡討南詔之役。其時在永泰二年。七六六蓋新舊唐書皆謂是年以林覩符部落置德化郎茫二羈縻州。至龍武州名舊書漏列。新書云大曆七六六至七七九中以潘歸國部落置。殆以永泰二年與大曆元年相混。其設置之時應亦爲七六六年。新唐書卷二二二下云。安南有生蠻林覩符部落。大曆中置德化州戶一萬。又以潘歸國部落置龍武州。戶千五百。亦以時在大曆中也。龍武州領縣二。前已著錄。

皆爨蠻

前此曾言爨蠻境逾步頭之南。並以步頭在今臨安。且以龍武位置於其地。惟觀此處之文。爨蠻境界似已下至紅河。

安南境也。

由是可見安南都護府境逾今東京境界之北。當時雲南未成一省。其東南部隸於安南都護府。其東北部隸於今日四川之敘州。

又八十三里至儻遲頓。又經八平城。八十里至洞澡水。又經南亭。百六十里至曲江。

曲江水東流。似爲盤江之一支流。其津渡之處在臨安之北八十里。可參照讀史方輿紀要卷一一五。續雲南通志稿卷十四。

劍南地也。

唐代地方組織。除七四二年唐玄宗之暫設卽廢之組織外。皆分全國爲十道。劍南道包括四川全省及雲南之東北部。至其東南則隸嶺南道。(東京及兩廣)

又經通海鎮。

今通海縣屬臨安府。昔通海土城在今縣治之東五里。（續雲南通志稿卷十四）南詔設二都督。其一治通海。（新唐書卷二二上）

北六十里渡海河利水。

通海絳縣中間之二水。不能確知爲何水。顧絳縣大致可當今之江川縣。第二水疑爲通星雲湖及撫仙湖之港河。至若利水。不知應在杞麓湖方面尋之。抑在其北注入星雲湖之諸小水中尋之。

至絳縣。

絳縣昔屬戎州都督府（今敍州府）之黎州羈縻州。歷代地理志韻編今釋謂絳縣舊城在今江川縣東。續雲南通志稿卷十四謂在江川南四里。今名碌雲異城。

又八十里至晉寧驛。

今晉寧縣在江川與昆明省會之中間。唐之晉寧縣屬昆州。續雲南通志稿卷十四謂舊縣土城在今晉寧縣治西北五里。又云在今縣治西二里。皆與路程絳縣北八十里蠻書卷六柘東（今昆明省會）南八十里之記載相符。

戎州地也。

戎州都督府在今岷江與金沙江匯流處之敍州府治。

又八十里至柘東城。

柘東卽今昆明省會。昔名昆州。隸戎州都督府。天寶七四二至七五五末年陷於南詔。七六五年據沙畹所考之碑或七六七年據讀史方輿紀要卷一一四南詔廣其城名曰柘東。蠻書卷六著錄柘東城。後附蠻書路程中有柘東節度城。皆指其地。南詔設六節度。其一爲柘東。九世紀時。柘東更名鄯闡。而爲南詔之陪都。今日雲南之名始於一三八二年。讀史方輿紀要卷一一四據蠻書卷四柘東距河內三十九日程。據嶺外代答卷三。

鄯闡距大理六程。

又八十里至安寧故城。

安寧今爲昆明省會西南之一州。唐時縣隸昆州。八世紀中葉。中國人欲以之爲開拓交趾一道之前站。旋爲閤羅鳳所陷。七五一年及七五四年何履光以兵定南詔境。重取安寧城。此地除爲通交趾之孔道外。並以鹽井著名。蠻書卷一卷七謂其地有一漢碑。並謂安寧至河內共有四十八日程。此數與其所誌柘東至河內三十九日程之說不合續雲南通志稿卷十四謂其地在今安寧縣治之南。

又四百八十里至靈南城。

此靈南城未見他書著錄。無論其是否筆誤。余以爲應改正爲雲南。蠻書所誌此路之兩種路程。皆名此地爲雲南城。而其第二路程所誌與白崖之距離適爲八十里。與此路程之道里同。今日昆明大理間尙有一縣名雲南。此處所言之雲南舊城。在今縣治南六十里。續雲南通志稿卷十四此地爲南詔十瞼之一。新唐書卷二二二上云「夷語瞼若州」

又八十里至白崖城。

白崖亦作白巖。亦爲南詔十瞼之一。現在趙州今鳳儀東六十里。續雲南通志稿卷十四七五一年鮮于仲通兵敗漾備江以前。曾取白崖城。七九四年異牟尋重修此城。

又七十里至蒙舍城。

蒙舍亦爲南詔十瞼之一。在今蒙化北十五里之古城。續雲南通志稿卷十四此城爲南詔發源之地。可參考蠻書卷五。按蒙舍不應在白崖至龍尾之通道中。應在其南。所以蠻書第一路程中未言蒙舍。

又八十里至龍尾城。

續雲南通志稿卷十四雖云龍尾無考。然其位置之大概可得言也。按大理一地東界洱海。西界點蒼山。南北有兩關。北關曰上關。南關曰下關。探路記云上下二關。誠爲大理之門戶。防守苦固。外兵不能攻入。祇有洱海一道可入大理云云。此下關昔名龍尾。上關昔名曰龍首。新唐書卷二二二上除以苴咩城名爲南詔國名外。並以龍尾爲全國之別稱。或出於此。關於龍首龍尾之方位者。可參考滇繫。讀史方輿紀要。卷一一三滇考等書。蠻書卷五似名龍首爲龍口。一二五三年蒙古兵北攻上關。西逾點蒼。而取大理。然大理王尙能南出龍尾城奔亡鄯闡。元史類編卷四二一三八二年沐英之攻大理。從南北關點蒼三路進兵。則無一人逃出。明史卷一二六

又十里至太和城。

太和今爲大理府治。舊太和城在今府治南十五里。續雲南通志稿卷十四新唐書卷二二二上云。「夷語山坡陀爲和。故謂太和。」七三九年皮邏閣徙都於此。舊唐書卷一九七閣羅鳳仍保其父所建之都城。故今

在舊太和城尚見其在七六六年所建之碑文。八世紀末年異牟尋徙都於北十五里之陽苴咩。即今之大理府治是已。太和新唐書作大和。爲南詔十瞼之一。

又二十五里至羊苴咩城。

羊苴咩即今之大理。亦作陽苴咩。省稱苴咩。亦南詔十瞼之一。省稱陽瞼。貞元七八五至八〇五中異牟尋徙都於此。

自羊苴咩城西至永昌故郡

欲至永昌先渡瀾滄江 Mékong 之懸橋。可參照蠻書卷二。永昌之名始於漢時。唐時南詔置六節度之一於此。

三百里。又西渡怒江 Salouen 至諸葛亮城

以下諸名之考釋並見前文。

二百里。又南至樂城二百里。又入驃國境經萬公等八部落至悉利城七百里。又經突旻城至驃國 Prome 千里。又自驃國西度黑山至東天竺迦摩波 Kamarupa 國千六百里。又西北渡迦羅都

Kratoya 河至奔那伐檀那 Pundravardhana 國六百里。又西南至中天竺國東境恆河 Ganga 南岸羯朱嗢羅 Kajingala? 國四百里。又西至摩羯陀 Magadha 國六百里。

一路自諸葛亮城西去騰充城二百里。又西至彌城百里。又西過山二百里至麗水城。乃西渡麗水 Iraouaddy 龍泉水二百里至安西城。乃西渡彌諾江水千里至大秦婆羅門國。又西渡大嶺三百里至東天竺北界箇沒盧 Kamarupa 國。又西南千二百里至中天竺國東北境之奔那伐檀那國。與驃國往婆羅門路合。

一路自驩州東二日行至唐林州安遠縣。南行經古羅江。二日行至環王國之檀洞江。又四日至朱崖。又經單補鎮。二日至環王國城。故漢日南郡地也。

自驩州西南三日行度霧温嶺。又二日行至棠州日落縣。又經羅倫江及古朗洞之石密山。三日行至棠州文陽縣。又經綮綮澗。四日行至文單國之算臺縣。又三日行至文單外城。又一日行至內城。一曰陸眞臘。其南水眞臘。又南至小海。其南羅越國。又南至大海。

附錄二　賈耽路程海路（見新唐書卷四十三下）

廣州東南海行二百里至屯門山。乃帆風西行二日至九州石又南二日至象石。又西南三日行至占不勞山。山在環王國東二百里海中。又南二日行至陵山。又一日行至門毒國。又一日行至古笪國。又半日行至奔陀浪洲。又兩日行到軍突弄山又五日行至海硤。蕃人謂之質南北百里。北岸則羅越國。南岸則佛逝國。佛逝國東水行四五日至訶陵國南中洲之最大者又西出硤三日至葛葛僧祇國。在佛逝西北隅之別島。國人多鈔暴。乘舶者畏憚之。其北岸則箇羅國箇羅西則哥谷羅國。又從葛葛僧祇四五日行至勝鄧洲。又西五日行至婆露國。又六日行至婆國伽藍洲。又北四日行至師子國。其北海岸距南天竺大岸百里。又西四日行經沒來國。南天竺之最南境。

附錄三　安南府城至陽苴咩城路程 見蠻書卷一

苴咩城從安南府城至蠻王見坐苴咩城。

苴咩今之大理。此後祇說明前此未見之地名。

水路五十二日程。只計日。無里數。從安南上水至峯州兩日。至登州登州之名他處未見。疑卽蠻書別一路程之眞登州。

兩日。至忠誠州三日。至多利州兩日。至奇富州兩日。至甘棠州兩日。至下步三日。至黎武賁柵四日。至
賈勇步

賈耽路程作古湧步。

五日。已上二十五日程。並是水路。大中初。

大中年號始八四七迄八五九年。

悉屬安南管係。其刺史並委首領勾當。大中八年。經略使

大中八年當八五四年。經略使名李琢。

苛暴。川洞離心。疆內首領旋被蠻賊誘引。數處陷在賊中。從賈勇步登陸至奐符館。一日。從奐符館至
曲烏館一日。至思下館一日。至沙隻館一日。至南場館一日。至曲江館一日。至通海城一日至江川縣

卽賈耽路程之絳縣

一日。至進寧館

賈耽路程作晉寧

一日。至鄯闡柘東城一日。

今雲南省會昆明。

從柘東節度城至寧寶館

應從賈耽路程改作安寧館。

一日。安寧館本是漢寧郡城也。從安寧城至龍和館一日。至沙雌館一日。至曲館

應在今楚雄府方面。

一日。至沙卻館

卽今之鎮南州。鎮南昔名欠舍。爲樸落蠻居地。一二八五年始置鎮南州。可參照元史卷六一。滇繫

中之沙追賧或卽此處之沙卻。

一日。至求贈館一日。至雲南驛一日。至波大驛一日。至白巖驛一日。至龍尾城一日。李謐

他處皆作李宓。

伐蠻於龍尾城。誤陷軍二十萬衆今爲萬人塚。至陽苴咩城一日。蠻王從太和城移在苴咩城。

此後蠻書著錄成都至陽苴咩之館驛里數。玆僅錄其求贈館以後之文。

至求贈館。

此下有脫文。

至雲南城七十里。至波大驛四十里。至渠藍趙館四十里。至龍尾城三十里。從龍尾城至陽苴咩城五十里。

附錄四　柘東城至羊苴咩城路程（見唐書卷四十二）

按此路程始於戎州都督府（今敍州）西北五十里之開邊縣。玆僅錄柘東以後之路程。

至柘東城又經安寧井三百九十里至曲水。又經石鼓二百二十里渡石門至佉龍驛。又六十里至雲南城。又八十里至白崖城。又八十里至龍尾城。又四十里至羊苴咩城。貞元十年（七九四）詔祠部郎中袁滋與內給事劉貞諒使南詔由此。

附錄五　安寧鎮至交趾老撾路程 見蠻書卷六

安寧鎮去柘東城西一日程。連然縣故地也通海鎮去安寧西

按上六字疑有脫文。

第三程至龍封驛驛前臨瘴川。去柘東城八日程。漢俞元縣故地也。量水川、漢舊黎州。今吐蕃呼爲量水川。通海城南十四日程至步頭。從步頭船行沿江三十五日出南蠻。夷人不解舟船。多取通海城路。賈勇步入眞登州林西原。取峯州路。行量水川西南至龍河。又南與青木香山路直南至崑崙國矣。

二一八一上

中華民國二十二年二月初版

（一〇一七）

交廣印度兩道考一册

Deux itinéraires de Chine en Inde
à la fin du VIIIe siècle

每册定價大洋肆角
外埠酌加運費匯費

原著者　法國 Paul Pelliot

譯述者　馮承鈞

發行人　王雲五　上海河南路

印刷者　商務印書館　上海河南路

發行所　商務印書館　上海及各埠

（本書校對者朱廣福）